INTRODUCTION,

NOTES ON THE

ILLUMINATIONS

TRANSCRIPTION AND

ENGLISH TRANSLATION

BY DAVID GOLDSTEIN

CURATOR OF HEBREW MANUSCRIPTS

AND PRINTED BOOKS AT

THE BRITISH LIBRARY, LONDON

THE ASHKENAZI HAGGADAH

A HEBREW MANUSCRIPT OF THE MID-15TH CENTURY FROM THE COLLECTIONS

OF THE BRITISH LIBRARY ◆ WRITTEN AND ILLUMINATED

BY JOEL BEN SIMEON CALLED FEIBUSCH ASHKENAZI ◆

WITH A COMMENTARY ATTRIBUTED TO

ELEAẒAR BEN JUDAH OF WORMS

ABRADALE PRESS

HARRY N. ABRAMS, INC.,

PUBLISHERS

Reproduced by permission
of the British Library Board from Add. MS. 14762
in the Department of Oriental Manuscripts and Printed Books, the British Library.
The reproduction of the manuscript follows the order of the Hebrew text
from right to left, so begins on page 138.

ENDPAPERS Design based on the front cover of the Haggadah.
The cover is described on p. 14 and illustrated on p. 16.

ACKNOWLEDGMENTS

*I should like to thank Professor B. Narkiss for reading through
the section on the artistic features of the manuscript, and for his detailed criticism
and comments; Mr E. Silver for shedding light on some obscure passages in the Hebrew commentary;
the libraries which supplied microfilms of relevant manuscripts, and which allowed us to use
photographs for the Introduction; Mrs Jean Russell for typing (and retyping) all the English sections
with great care; the British Library Photographic Section for their help and expertise;
and the staff of Thames and Hudson, especially my editor and designer,
who helped to conceive of this publication, and the production
staff who ensured the excellence of the reproduction.*

The Library of Congress has cataloged the Abrams edition as follows:

Haggadah.   English & Hebrew.
The Ashkenazi Haggadah.

English and Hebrew.
Title on added t.p.: Hagadah shel Pesah.
1. Haggadot—Texts.   2. Seder—Liturgy—Texts.
3. Judaism—Liturgy—Texts.   4. Illumination of books and
manuscripts, Jewish.   5. Manuscripts, Hebrew—Facsimiles.
6. Haggadah.   I. Joel ben Simeon, 15th cent.   II. Eleazar
ben Judah, of Worms, 1176 (ca.)-1238.   III. Goldstein,
David, 1933-   .   IV. British Library.   Manuscript.
Additional 14762.   V. Title.   VI. Title: Hagadah shel Pesah.
BM675.P4Z5233   1985   296.4′37   84-10979
ISBN 0-8109-1819-6

Abradale ISBN 0-8109-8192-0

Printed and bound in Hong Kong

Abradale Press
Harry N. Abrams, Inc.
100 Fifth Avenue
New York, N.Y. 10011
www.abramsbooks.com

INTRODUCTION

The *Haggadah* is, after the Bible and prayerbook, the most popular and most beloved book in the Jewish world. This is because it is associated with joy, with a family gathering, and with a story; with joy, since Passover commemorates the Exodus of the Hebrews from Egyptian slavery; with a family gathering, since the evening ritual meal whose liturgy it contains is conducted round the table at home; and with a story, because the whole point of the *Haggadah*, which means literally 'Narration', is to tell the story of the Exodus, especially to the children, in fulfilment of the biblical injunction, 'You shall tell your son on that day: It is because of what the Lord did for me when I came out of Egypt' (*Ex.* 13:8).

Throughout the centuries the scriptural account of the Exodus has been embellished and expanded with interpretations, legends and commentaries, and to these have been added the most complex and detailed discussions concerning the minutiae of the necessary ritual preparations. Furthermore, as the Jews spread throughout the civilized world, communities evolved or adopted different customs, so that a Passover, say, among the Yemeni Jews will be somewhat different from one in Chicago.

Nevertheless, the basic structure of the ritual is uniform everywhere. The Bible prescribes that the Passover festival should be celebrated for seven days. But the rabbis added an extra day for communities outside the Holy Land. Thus the actual narration of the Exodus is recited in the Diaspora on the eve of the first two days of the festival, and not simply on the first night. (Jewish festivals last from sunset to sunset, so this takes place on the evening before the first day.) Already before the ritual commences all leaven is removed from the house, obeying biblical law (*Ex.* 12:15), and throughout the Passover period only bread that is unleavened is eaten.

The ritual of narration, called *seder* (order) because this formal meal has to be carried out according to a set pattern, is prompted by an inquisitive son (*Ex.* 12:26; 13:8) who asks what the preparations for the Passover signify. The ritual is performed at table, and is accompanied by the use of symbolic foods representing various aspects of the redemption of the Hebrews from Egyptian bondage.

The celebrant is the head of the household, who has before him three 'cakes' or 'wafers' of unleavened bread (*matsot*), and a dish on which are placed the following ritual items: a shankbone as a reminder of the Paschal lamb itself; a roasted egg to commemorate the daily sacrifice in the Temple; *haroset,* a sweet paste of apple, nuts, spices and wine, to symbolize the mortar which the Hebrews had to prepare when they were slaves in Egypt; some green herbs, such as lettuce; and *maror* (bitter herbs), usually horseradish, to mark the bitterness of the Hebrews' sufferings as bondmen. Four cups of wine are prescribed to be drunk at certain moments during the ritual meal.

Those participating usually have a cushion in their chairs and slightly to the left, so that they can 'lean' to one side. This is a symbol of the Israelites' newfound ease and freedom, but may derive from the way Greeks used to eat in a recumbent position, while the slaves ate standing.

What began as the straightforward narration of the biblical story has, for some 2000 years, been accompanied by rabbinic interpretations of the main passages, often characteristically concentrating on individual words and phrases. The joy of the occasion is emphasized by poems and songs as well as the special cycle of Psalms (113–18) recited on all joyous festivals and called *Hallel* (praise). Crucial to the *seder*, however, is further discussion of the Exodus, of slavery, freedom, home and exile, all prompted by the words of the *Haggadah*. There is no ritual for discussion; one needs only a lively mind.

The *seder* is not only a joyful family occasion, but one with universal significance, since it celebrates the profound desire in all human beings for freedom.

During this ceremony it has always been convenient for each of the participants to have their own individual copy of the *Haggadah*, so that they can follow the liturgy of the *seder* without difficulty. And since by the nature of things these books become damaged by regular use at table, being easily stained with wine and food, copies of the *Haggadah* are in constant demand. It has been estimated that about 4000 different editions of the *Haggadah* have been produced since Hebrew printing presses were introduced at the end of the fifteenth century.

Before this date, of course, *Haggadot* (the plural of *Haggadah*) were copied by hand. This was an expensive operation, especially if they were written on vellum and extensively illuminated. Only the wealthiest of households could afford the type of *Haggadah* reproduced here. The expense of such objects, coupled with the depredations of time and of malicious book-burnings, have made medieval illuminated manuscript *Haggadot* extremely rare. Not more than forty have survived.

The *Haggadah* is the most profusely illustrated of Hebrew manuscripts, partly because the story lends itself to illustration, but mainly because of the desire to instruct and entertain the children. Hebrew manuscripts from the Near East in particular lack representational human illustrations, because the Islamic milieu in which the Jews lived forbade such decoration. Only occasionally do we find illustrations of the *matsah* (unleavened bread) or *maror* (bitter herbs). In the West, however, where Jews were accustomed to richly decorated Christian manuscripts vividly displaying the human form in elaborate settings, Hebrew scribes began as early as the thirteenth century to use representational figures.

Copies of the medieval illuminated *Haggadah* fall roughly into two distinct types: the Sephardi and the Ashkenazi. The Sephardi, emanating from Spain, and best represented perhaps by the *Golden Haggadah* and the *Sarajevo Haggadah*, is characterized by a brief cycle of full-page biblical illustrations, narrating episodically the Exodus and the events leading up to it. (The *Sarajevo Haggadah*, indeed, begins with the Creation.) The text of the *Haggadah* itself is richly illuminated, while illustrations of aspects of the ritual often blend with the decoration of initial words.

The Ashkenazi (usually coming from Germany, northern Italy and France) does not include a cycle of biblical pictures; its illustrations, which include images both of the ritual and of the biblical story, occur usually in the margins of the text. Examples of this type are the *Darmstadt Haggadah*, which contains very few illustrations but which is beautifully illuminated, and the *Birds' Head Haggadah*.

The title of the *Haggadah* represented here is drawn from the name adopted by its scribe while he was living outside Germany. He was naturally known there as 'the German', or 'Ashkenazi'. Since ours is also possibly the finest medieval German *Haggadah* extant, the title is doubly suitable. Its first owner was Jacob Mattathias, who is probably to be identified with a man of the same name for whom a manuscript prayerbook was written in Ulm in 1459/60. Nothing more is known about its provenance until it was bought from Payne & Foss by the British Museum in 1844 for £42.

Three factors make it famous: its large size, which gave unusual scope for the art of the calligrapher and allowed room for a substantial commentary; the beauty of the Hebrew script, which varies from the majestic to the minute and is used not only to communicate the text, but forms part of the graceful and quite individual design of each double-page spread; and the illustration and ornamentation, which, as we shall see, were the work of more than one artist.

The colophon gives the name of the artist as 'Feibusch, called Joel', no doubt the same man as Joel ben Simeon Feibusch Ashkenazi, of Bonn, and Cologne, of whom no fewer than eleven manuscripts (six of them *Haggadot*) are known, nine of which survive. This is a large number, but he was presumably responsible for still more that are now lost.

Several problems surround the exact nature of his output. The colophons describe him sometimes as scribe, sometimes as artist, or as both. The manuscripts to which his name is appended exhibit differences in style of script and illumination. Some differences are due to the fact that he travelled, probably more than once, from Germany to Italy and back, and that he was influenced by the different styles that he encountered in each region. But some features are too disparate to be explained in this way. One may assume, perhaps, that Joel ben Simeon was a master craftsman with his own workshop, and that part of each manuscript was executed by his assistants and not by himself.

In the case of our manuscript, there is little doubt that a different artist, from southern Germany, added some illustrations after the *Haggadah* had left Joel ben Simeon's hands. No other explanation could account for the varieties of painting style and technique that characterize this manuscript and add so much to its beauty.

Over and above its high aesthetic value, this *Haggadah* possesses another quality which is more difficult to define. It derives from our knowledge that the manuscript was used many times at a *seder* table for the purpose of fulfilling the biblical commandment of observing the Passover. The winestains, which one might think detract from the manuscript's appearance, actually add an extra dimension, and demonstrate that the beauty of script and image was chiefly intended to enhance the fulfilment of a religious duty. This manuscript ensured that that duty could be carried out with love and with enthusiasm.

THE BOOK
AND ITS HISTORY

Joel ben Simeon

We know of Joel ben Simeon the scribe only through the manuscripts that bear his name, and possess no external evidence whatsoever. Yet it is surprising how much can be established from these works of art, with their brief attributions. Not that there is total agreement among scholars on even the broad outlines of his life. We shall therefore present here such details as we can.

No other single name has been connected with so many medieval illuminated Hebrew manuscripts. A total of eleven manuscripts have his name in the colophon, and we must assume that there were others, perhaps more than that number again, that have since disappeared. Two even of these eleven have been lost or irretrievably damaged in the present century alone. To understand Joel ben Simeon's work it is necessary to examine each manuscript. Both Narkiss (*Hebrew Illuminated Manuscripts*, pp. 171–2) and Gutmann ('Thirteen Manuscripts', pp. 93–4), major modern authorities on medieval Hebrew manuscripts, list them. We shall do so again, following the order established by Narkiss:

A DATED MANUSCRIPTS

1 *Siddur* (daily liturgy) 1449. Parma. Biblioteca Palatina. Ms. 3144 (De Rossi 1274).
2 *Maḥzor* (festival liturgy) 1452. Written in Cremona. Turin. Royal Library.
Both Gutmann and Narkiss say it was destroyed by fire in 1904. But Beit-Arié (p. 25, n. 4), whose work on Joel ben Simeon's output is crucial, says that it escaped the fire, although 'it is in very poor condition. Many parchment leaves are stuck together, and on other pages the text is no longer legible. It seems that the colophon survived, but is illegible.' The colophon had previously been partially transcribed by Peyron (p. 62).
3 *Second New York Haggadah* 1454. New York. Jewish Theological Seminary. Ms. Mic. 8279.
4 *Siddur* 1469. London. British Library. Add. 26957. Written for Menaḥem ben Samuel and his daughter Maraviglia.
5 *Washington Haggadah* 1478. Washington D.C. Library of Congress. Ms. Hebr. 1.
6 *Psalms, with Commentary of David Kimḥi* 1485. Parma. Biblioteca Palatina. Ms. 2841 (De Rossi 204). Written for Manuel ben Isaac of Modena, but not necessarily while he or the scribe were in Modena.

B UNDATED MANUSCRIPTS

7 *First Nuremberg Haggadah* Jerusalem. Schocken Library. Ms. 24086. Narkiss calls this the 'Second Nuremberg'.
8 *London Haggadah* London. British Library. Add. 14762. The present manuscript.
9 *The First New York Haggadah* N. Y. Jewish Theological Seminary. Ms. Mic. 4481.
10 *Implements of the Temple* Six leaves. New York. Jewish Theological Seminary. Acc. No. 0822. Now missing.
11 *Dyson-Perrins Haggadah* Geneva. Martin Bodmer Collection. Cod. 81. Formerly Dyson-Perrins Ms. 124.

OTHER MANUSCRIPTS ATTRIBUTED TO JOEL BEN SIMEON:

12 *Parma Haggadah* Parma. Biblioteca Palatina. Ms. 2998 (De Rossi 111).
13 *Haggadah* Stuttgart. Württembergische Landesbibliothek. Cod. Or. 4°, 1.
14 *Murphy Haggadah* Jerusalem. Jewish National and University Library. Ms. Heb. 24°, 6130. Formerly Rothschild Collection and later at Yale University, Ms. A 361.
Gutmann does not list No. 13, and Narkiss has informed me that he now doubts whether No. 14 is by Joel ben Simeon.

The first eleven items in the list all bear the name of Joel in the colophon. (These colophons, or material parts of them, are published by Gutmann.) The name of the artist or scribe varies slightly, some colophons being more explicit than others. Different forms appear as follows: 'Joel ben Simeon' 1, 2, 3, 4, 5, 6, 7, 9, 11; 'Joel' 8, 10; 'Feibusch' 1, 3, 8, 10, 11; 'From Bonn' 1; 'From the city of Cologne on the River Rhine' 3, 11; 'Ashkenazi' 3, 6, 11.
Joel ben Simeon's title or status also varies in different manuscripts: scribe (*sofer*) 1, 2, 5, 7, 9, 11; scrivener (*livlar*) 3, 4, 6; scribe (*katavti*) 1, 3, 4, 7, 9; artist (*metsayyer*, etc.) 3, 8, 10; vocalizer (*nikadti*) 3.
A punning phrase appearing in four colophons indicates that the work is finished: *ve-dayo*, 'it is enough', or 'its [or his] ink [is used up]'. This occurs in Nos 4, 5, 6, 10.
The names of patrons are mentioned in 1, 2, 4, 6, 7, 8, 9; and placenames in 2 and 6. In No. 7 'Proyna' occurs, clearly as a placename: 'Next year in Jerusalem or in Proyna'. Scholars have interpreted this as Brünn (Brno), from where the Jews were expelled in 1454. Landsberger uses this fact to date it to before 1454, while Italiener and Roth believe it to imply a date after 1454 (see Narkiss, *Hebrew Illuminated Manuscripts*, p. 171).
From the dated manuscripts attributed to him we can assert that Joel ben Simeon was active for almost forty years, from 1449 to 1485.
The placenames mentioned by him and the style of illumination allow us to assert that he worked both in Germany and northern Italy. He indicates his German origin in only four manuscripts (Nos 1, 3, 6 and 11), so scholars have assumed them to have been executed in northern Italy. In No. 6, connected with Modena, he refers to himself as 'Ashkenazi' (German). But he could well have written No. 1 – in which he says he is from Bonn – in a part of Germany far from there, just as a medieval traveller to London might style himself 'John from York'. But there is no indication of his

foreign origin in No. 4, which, according to the colophon, he wrote for Menahem ben Samuel and his daughter Maraviglia, clearly an Italian name.
That he describes his hometown in one place as Bonn and in another as Cologne might mean that he moved house, perhaps after a visit to Italy, where he may have been several times.
The colophons being so unreliable, scholars have enlisted different types of evidence. Beit-Arié adopts a most interesting and carefully researched approach in his attempt to place in chronological and geographical order the manuscripts of Joel ben Simeon. He analyses exhaustively all the codicological evidence, the kinds of parchment used, the composition of quires, the rulings, types of script, line-fillers, catchwords and so on, and finds that his conclusions are supported by the type of ritual in each manuscript. 'In all the manuscripts with German codicological features liturgies according to the German rite were copied, while in three of the four manuscripts with Italian codicological features in which liturgical texts were copied the rite is Italian, and in only one is it Ashkenazi.' This final anomaly is explained by the fact that there were German immigrant Jews in northern Italy. In support of this, three of the four Italian manuscripts in Beit-Arié's classification have the name 'Ashkenazi' in the colophon. Beit-Arié places our manuscript fairly late in Joel ben Simeon's output, after 1469, and perhaps after 1478, and claims it was written in Germany. Gutmann, who prefers to date it to 1460, says it was written mainly in northern Italy and completed in southern Germany ('Thirteen Manuscripts', p. 78).
Beit-Arié's codicological approach helps to overcome the particularly stubborn problem of understanding Joel ben Simeon's manuscripts. For example, the two manuscripts apart from ours in which Joel is described as 'artist' (3 and 10) do not help to identify our *Haggadah*. The *Second New York Haggadah* (No. 3) has no illustrations to the *Haggadah* proper. Its decoration resembles that of our manuscript in that it displays linenfolds and has grotesques within initial words; but it has two features which are common to some other Joel ben Simeon manuscripts but not to ours, for example the framework of columns supported by animals and men, and the panel of faces in medallion style (see Metzger, figs 400–2). No. 10, the *Implements of the Temple*, of which two photos are preserved (Landsberger, 'New Studies', figs 5 and 6), are not directly related to our manuscript.
The manuscript most reminiscent of ours in the style of its illustrations is the *Washington Haggadah* of 1478 (No. 5), but here, Joel ben Simeon is described simply as 'scribe' and not 'artist'. The *Murphy Haggadah* (No. 14) certainly resembles ours, especially in the illustrations of the Exodus, but it is no longer attributed by Narkiss to Joel ben Simeon. In all this, however, it should be borne in mind that

1 An illumination from the Munich *Maḥzor*, owned by Jacob Mattathias, and resembling in style the work of the southern-German artist of our manuscript. Ulm. 1459/60. Bayerische Staatsbibliothek, Munich. Cod. Heb. 3. II. f. 151v.

2 Searching for leaven. This illustration resembles that on our *f. 1b*. The text is slightly different, but examples of the letters written vertically in the margin can be seen on our *ff. 22b* and *27a*. Written by Meir ben Israel Jaffe, southern Germany, *c.* 1480–90. Hebrew Union College, Cincinnati. f. 16.

we may be dealing not with the output of a single artist, but rather with a similarity in iconography, which in the case of the *Haggadah* had anyway become fairly stylized.

The situation is no clearer when we turn to the lettering used in the various manuscripts. Although Joel ben Simeon is described as a 'scribe' and is said to have written no fewer than nine manuscripts, the group shows a variety of quite different scripts and scribal techniques, as Beit-Arié has demonstrated. These varieties are too great to be attributed to a single scribe, even if, like Joel, he travelled widely and was active over a long period of time.

If, as most scholars believe, Joel ben Simeon was a master craftsman who had a workshop and employed several scribes and artists, he would plan and design the manuscript and participate himself in some of the work, but a great deal was left to his assistants. Only the name of the master usually appeared in the colophon. This is the view of Narkiss ('The relation', p. 82) while Metzger (p. 390) also dismisses the possibility of all the manuscripts being the work of the same artist. Neither goes so far as Landsberger ('The Washington Haggadah', p. 101) who argues that there were three different artists of the same name!

Clearly, far more detailed study of all the manuscripts is necessary before we can resolve this complex problem.

The colophon

The colophon on *f. 48b* can be translated as follows: MY HEART COUNSELS ME TO REPLY TO HIM WHO ASKS / AND SAYS, 'WHO PAINTED THESE [PAGES]?' / I SHALL ANSWER HIM: 'I AM HE, FEIBUSCH, CALLED JOEL. / FOR JACOB MATTATHIAS, MAY HE LIVE LONG, THE SON OF MHRZ, A PIOUS MAN.

It is the only colophon in a Joel ben Simeon manuscript that is in rhyme. The last Hebrew syllable of each line is *el*, which is emphasized by the spacing at the end of the first three lines. In addition, the initial letters of each of the lines form the acrostic *Yoel* (Joel). The phrase 'may he live long' may also be read as 'a permanent gift' (*shay olam*).

The letters 'MHRZ' are an abbreviation for *morenu ha-rav* Z (our teacher, master Z). The last letter was explained by Landsberger ('The Washington Haggadah', p. 97) as a possible abbreviation for 'Seckel' – a diminutive form of 'Isaac'. Landsberger had pointed out that a Jacob Mattathias son of Isaac was the recipient of another manuscript, a *Maḥzor* (Festival liturgy), now housed in the Bayerische Staatsbibliothek, Munich (Cod. Heb. 3,II). Gutmann shows that the illumination in the

first division of our manuscript (see below) is similar in style to the illumination of the Munich manuscript. The latter, written by a scribe called Isaac, is dated 1459/60 at Ulm. ('Thirteen Manuscripts', p. 78). (See fig. 1.)

Professor Kurt Schubert, a leading authority on illuminated Hebrew manuscripts, suggested to me that the abbreviation might signify a date, since there are strokes over the last three letters only, and there was no other reason for the scribe to write the name in this form. If it is a date, then it represents the year AM 5212 (AD 1451/2). This date would fit the life of Joel ben Simeon, and certainly suits both Gutmann's theory that the illumination was completed by an artist living in southern Germany in about 1460, and the ascription, by Sheila Edmunds, of the added illustrations to Johann Bämler in the 1460s (see below p. 11).

The position of the colophon is also significant, since it is neither at the end of the manuscript, nor does it occupy a place within the formal text. It appears in the margin, almost as an afterthought. This can be explained by supposing that Joel ben Simeon not only wrote manuscripts on commission but also held a stock of popular works. So when Jacob Mattathias approached him for a *Haggadah*, Joel ben Simeon may well have offered him one of a series, then adding to the manuscript selected a colophon with the name of the buyer.

Beit-Arié (p. 32), cogently argues that the position of the colophon is support for his view that Joel was only the illustrator, as the colophon states, and not the scribe.

The artists

Our manuscript clearly includes the work of more than one artist, since there are two dominant styles of representational figure, as well as decorations of initial words and letters.

The initial words and letters on leaves *1b–8b, 12b–13b, 39a–46b* are set against rectangular panels of solid colour, including burnished gold. They have distinctive frames, each edge of which is sometimes divided into two colours. The frames on *1b–8b* are also decorated with chains of flowers. Surrounding the frames are luxuriant sprays of foliage and of flowers, sometimes supported by trellises or staves, interspersed with gold dots. This style of decoration is also found in the Munich *Maḥzor*, dated 1459/60, which possibly belonged to the first owner of our manuscript (see fig. 1).

On all the remaining leaves the initial words and letters either lack rectangular panels and frames, or are placed on a background of foliage and flowers, sometimes shaped as a 'flag' with concave sides. The letters themselves contain

grotesque figures, linenfold designs and acanthus leaves.

There is a further subdivision, however. Leaves *12b–13b*, although decorated in the same style as *1b–8b*, are less well executed; while *39a–46b* are more condensed and delicate.

The representational art generally follows the above division. The figures in the former are more rounded and squat and the faces and clothes are drawn in greater detail. Of particular note is the lively, varied positioning of the heads. Figures on the other leaves are simpler, and usually face in one direction only.

The illumination of the manuscript is, therefore, clearly composite.

Can we trace the various stages in the work as a whole? It is generally assumed to be the scribe's task not only to write the text but also to determine the layout of each page of the manuscript. He would write the large initials, and leave the painting to an artist, unless of course he was also the artist himself. He would leave spaces for illustrations, sometimes writing captions in the margins to indicate exactly which subjects he wanted illustrated. If a commentary was planned he might bear that in mind when designating areas to be illuminated.

The large size of our manuscript allows maximum scope for each of these operations. It is the largest of all the *Haggadot* in the Joel ben Simeon group. The scribe could freely spread his text to the finest advantage, without having to alter its shape to accommodate illustrations. The writer of the commentary, however, did have to adjust his text, which proves that the illuminations, or the preliminary drawings for them, were completed before the writer of the commentary did his work. We can see this on four leaves:

6b, where the commentary to *ke-ha laḥma* ('Like this is the bread') occurs. It should logically perhaps have been placed on the previous page, but there was no room there. The decoration on *6a* had previously been executed in full, or drawn in, or instructions given that the space should be left for the decoration.

9b, where the illustration of the simple son prevented the commentary, now on its left, from being placed in the centre of the margin.

12b, where short comments are placed (uniquely in this manuscript) at the top and bottom, since illuminations fill the margin.

14a, where the standing figure confines the commentary into a narrow space.

We can posit the following order of events: once the text was written and pointed, the decoration and illuminations were added on most leaves by Joel ben Simeon. We can be confident that he was the artist, not only because the colophon distincly says so, but because the style is reflected in other manuscripts that bear his name (see figs 3 and 6).

The quite different and heavier illumination of ff. 1b – 8b, 12b – 13b, 39a – 46b was then added or completed by at least one other artist with assistants. Sheila Edmunds (pp. 32–3) has made out a very strong case that this second artist was Johann Bämler, of Augsburg (c. 1430–1503). But while the style of decoration in our manuscript is very similar to his known work, it can also be said to be typical of much southern German illumination of the second half of the fifteenth century, so one should perhaps not make so positive an identification.

The commentary was added after at least the first stage of illumination, and perhaps after the illumination had been completed in its entirety.

The illustrations

The illuminations described below illustrate and adorn the ceremonial observance of the Passover, the understanding and enjoyment of which it was the scribe's chief aim to encourage. The superb penmanship and the graceful layout of each pair of facing pages masterfully blend text with ceremony; and it is the art of combining various elements in such harmony that gives this manuscript its outstanding beauty and power.

1b Searching for leaven (*bedikat ḥamets*). Scripture requires that during Passover 'no leaven shall be found in your houses' (*Ex.* 12:19). The second-century *Mishnah* describes how one should search for and destroy all leaven. The searching is still traditionally carried out by the light of a candle, and afterwards the texts on these pages are recited. Here we see a man engaged in this search, brushing crumbs from a cupboard with some feathers, probably goose feathers. The cupboard is heavy and ornate. It has a central door with a ring handle, the hinge being on the left. Both the cupboard and the man's clothes are marks of high social class. (See also Fig. 2.)

2a Eruv tavshilin (literally 'mingling of dishes'). Since Jews may cook no food on a Sabbath, preparations have to be made the day before. Difficulties, however, arise if that day happens to be a Festival, because on a Festival cooking is allowed only for that particular day. By a symbolic 'mingling of dishes' described in the *Mishnah*, cooking on a Festival was permitted even for the next day if that was a Sabbath. Here we see this symbolic act depicted, next to the formula recited in such

cases. A man and a woman (perhaps husband and wife) jointly hold a dish containing meat.

2b Kiddush (sanctification) is recited over wine before the main meals on Sabbaths and Festivals. Since the *seder* on Passover eve is based around a festive family meal, all the usual mealtime rites are performed. The celebrant sits on a massive chair with an elaborately carved canopy. He holds a gold winecup with a lid, embossed or encrusted with jewels. (For a similar cup without the lid see f. 6b.) This representation of the *kiddush* occurs frequently in *Haggadah* iconography, and is to be found in printed *Haggadot* down to our own day. The magnificent chair symbolizes the majesty of the *kiddush* ceremony, as much as the status of this particular celebrant. For a similar illustration in a different style, see f. 22a.

4a Havdalah (separation, or division) is a brief, weekly ceremony which marks the end of the Sabbath on Saturday evening and the start of a weekday. A special formula is necessary, as here, where the close of the Sabbath coincides with the eve of a Festival. The liturgical sequence of this ceremony is represented by the mnemonic YaKeNHaZ, which stands for *yayin* (wine), *kiddush* (sanctification), *ner* (lamp), *havdalah* (separation) and *zeman* (literally time, i.e. the benediction of *she-heḥeyanu*, '[who brought us alive] to this season', on f. 4b). The mnemonic roughly resembles in sound the German *jag den Has[en]*, meaning 'hunt the hare', so it became customary to associate a picture of a harehunt with this part of the *Haggadah*. The sense of movement is vividly conveyed, the three dogs in pursuit contrasted with the one held by the huntsman on a leash, and with the apprehensive hare looking back.

The gesture of the seated figure – looking at the fingernails of his clenched hand turned towards the light of the *havdalah* candle, is the correct one while reciting the blessing over light. One explanation has it that the fingernails were the last part of Adam to be created in the Garden of Eden.

4b Drinking the first cup of wine. Four cups of wine are expressly prescribed to be drunk during the Passover meal, to mark the four different Hebrew words used for 'redemption' in the biblical story of the Exodus. It is customary while drinking to lean to the left (the topic of the fourth question [f. 7a]). The leaning seems to imitate the Greek custom of reclining at meals, and thus symbolizes the Israelites' newfound freedom, celebrated at Passover. The figure is depicted leaning back, which neither looks comfortable nor is according to ritual; he should also be seated. (It is therefore not certain that the artist intended

to portray here the custom of leaning.)

5a and 5b The scribe uses different sizes, colours and styles of script throughout this manuscript to enliven the text. On 5a he decoratively includes the vowel points in only the top and bottom two lines, while on 5b he constructs a goblet – a Passover symbol, because of the ritual cups of wine – out of cursive lettering. The following page contrasts with it strikingly. In fact, facing pairs of pages throughout this manuscript are composed with great skill and grace, either to contrast or to blend as a single design.

6a The formal opening of the *Haggadah* proper requires the most densely ornamented illumination. Its importance is highlighted by the use of gold leaf for the whole text. At the foot of the page a contemporary *seder*, the Passover-eve meal, is in progress. The ritual Passover plate is placed in the centre of the table, with a roasted egg and green herbs plainly visible. The plate is covered with a long white napkin, embroidered with gold thread, and with fringes. It is surprisingly similar to a modern *tallit* (prayershawl). Suspended over the table is a lamp with six burners. There are eight participants, all apparently male, who share four *Haggadot*. The cups and plates are of silver and gold.

Peering down at them through a row of six Gothic windows are two figures. They both point at banderoles which may have been intended to carry texts, but were left unfinished (cf. ff. 43a, 45a). The right-hand figure bears a striking resemblance to the man at the table almost directly below him.

The initial word, *ke-ha* ('Like this'), is on a gold-leaf ground, which is now extensively cracked. The page is framed on three sides by a wide trellis bearing predominantly roses and columbine.

6b The figure pours wine into an elaborate gold cup from a long-necked pitcher with a hinged lid. Wine is indeed poured at this point in the ritual, in accordance with one of the requirements of the *Mishnah*, even though the second cup is not drunk until much later on, at the beginning of the meal (f. 26b).

7a 'We were slaves of Pharaoh in Egypt'. A medieval building scene shows the Israelites building cities for Pharaoh. On the right a man seems to mix mud and straw for the bricks with a shovel; or is he putting them in an oven? The pulley and grabbing iron are vivid contemporary details, as are the buildings, especially the gilded dome. (Compare with figs 3 and 4.)

The florid decoration round the initial letter *ayin* is interrupted to reveal the vocalization of the line above (cf. the letter *mem* on the following page, and the letter *ḥet* on f. 8b).

3 'From tight straits I called upon the Lord.' A captive prays from within his prison. The style of the building is close to that on our f. 37b. Washington *Haggadah*, signed Joel ben Simeon and dated 1478. Library of Congress, Washington. f. 22a.

4 The Egyptians made the Children of Israel work with great rigour. An entirely different treatment of the subject on our f. 7a, one of the additional illustrations from southern Germany. But the buildings resemble those on our f. 37b. Murphy *Haggadah*. German. Fifteenth century. Attributed by some scholars to Joel ben Simeon. Jewish National and University Library, Jerusalem. MS Heb. 24° 6130. f. 10b.

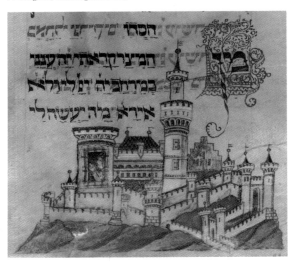

7b The five rabbis of Benei Brak. These very richly apparelled figures are engaged in animated discussion, concerning the subject matter of an open book on a lectern. From the position of their fingers it is perhaps not too fanciful to deduce that they are calculating the number of plagues, as indicated by the text. The rulings are clearly visible in the book.

The elaborately carved lectern contains three more volumes on the lower shelves, their coloured bindings strengthened by gold studs.

The whole ensemble displays variety and imagination in the tilt of the heads, the facial expressions, and the painting of the clothes.

8b The wise son. He wears the *arba kanfot* (literally 'four corners'), the fringed garment still worn by traditional Jews, in a prominent position, possibly as a mark of special piety. His right hand is raised as if in benediction, but this is not a Jewish gesture, and possibly it signifies peace and contentment.

In his left arm he cradles a finely bound book. This is shown closed, perhaps because he has completed reading it, contrasting with the simple son (f. 9b), who is struggling to read the open book he is holding.

9a The wicked son. He is traditionally, as here, represented as a soldier. The artist has painted a knight in full armour, about to strike a child, who wears the yellow Jewish badge. The knight's left hand holds the child by the hair, and his right arm, which has been left unpainted and is barely visible to the naked eye, holds a sword pointing down towards the child's head. The artist uses the opportunity provided by the *Haggadah* to comment on the social situation of the Jews in his time.

9b The simple son. He holds a large book, which he is trying to read, and has an expression of intense concentration (but perhaps bafflement) on his face. At the foot of the page, 'the son who does not know how to ask' is depicted as a fool or jester, a common feature of *Haggadah* iconography. He has the traditional cap and bells, and trails the jester's bladder in his left hand. He makes faces at himself in a mirror.

11b 'The wandering Aramean' refers to Jacob. The iconography of this figure developed however from the adjacent phrase, 'Go and learn', and it shows the pilgrim, or wandering scholar, with his staff and 'wallet'. (See also fig. 5.)

The letter *tsadde* is inhabited by a lion's head on the left, a grotesque man's head on the right, and, at the base, a dog wearing a collar.

12a The commentary design shows a cock

5 'Go and learn.' A wandering Aramean. Similar to our f. 11b. Washington *Haggadah*, signed Joel ben Simeon and dated 1478. Library of Congress, Washington. f. 7b.

strutting towards the left. Is it too fanciful to suppose that it was intended to echo the wandering scholar on the facing page?

12b The naked figure illustrates the symbol of Jerusalem in *Ezekiel* 16:7: 'You were naked and bare'. It may also refer to the following passage in the *Haggadah*. Although the decoration of this and the next two leaves belong in style to the Johann Bämler school, they are clearly of workmanship inferior to the preceding pages, and were probably executed by an assistant.

14a The figure on the left is puzzling. Is he intended to represent the Pharaoh whose death is mentioned in the scriptural quotation at the foot of the preceding page and the top of the present one? The gold crown would support this view, and he has what seems to be a sceptre in his hand. Or is it a Hebrew supplicant, illustrating the text, 'The Lord heard our voice'? It could, however, be Moses carrying his staff. This latter identification, however, is not warranted by the accompanying text. In any event, it is an uncommon figure to find in a medieval *Haggadah*.

The vulnerable stag with his foot caught in the dog's mouth may symbolize the Israelites in captivity.

14b/15a The double-page illustration of the Exodus is one of the glories of this *Haggadah*. The escaping Hebrews are seen on the left-hand page, and the pursuing Egyptians on the right. They are separated by the blue 'pillar of cloud' which, according to the *Midrash*, protected the Hebrews by stopping the arrows of the Egyptian soldiers.

Among the Egyptians is Pharaoh himself, crowned and mounted on a grey horse, with elaborate trappings. He is preceded by a black figure (a Moor?). The large number of soldiers is vividly conveyed, and many faces are clearly distinguished. The banners bear a sun motif (does this reflect the sun-god of the Egyptians?), which also appears on the wagon, inside which a figure and a dog can be seen. The wheels are broken, illustrating the verse inscribed above it: '[God] took off their chariot wheels' (*Ex.* 14:25).

On the left-hand page, Moses with his staff leads the Hebrews out of Egypt. He looks up at the divine hand since it was 'with a strong hand and an outstretched arm' that the Lord delivered them. Fire and brimstone rain down on the cities of Egypt. The pillar of fire that preceded the Hebrews is represented by the Corinthian column on the left. A path has appeared in the sea at Moses' feet: fish can be seen on both sides of it. The Hebrews carry the spoils of the Egyptians; vessels of silver and gold. Some of them are splendidly dressed. A donkey in the foreground carries a large covered litter in which at least seven babies may be seen. The inscription reads: 'God saved Israel that day out of the hand of Egypt' (*Ex.* 14:30). (See also fig. 6.)

16a The commentary at the lower left is surrounded by a double six-pointed star, so faint as to be hardly visible.

17a The illustrations of the ten plagues adorn a page wholly devoted to their enumeration. The names of the plagues appear in large script, as does Rabbi Judah's mnemonic.

The roundels enclosing each picture are reminiscent of contemporary depictions of signs of the Zodiac; indeed, the first one, blood, reminds one of Aquarius. Each has a different frame.

The first five plagues run from top to bottom on the left, and the second five from right to left at the foot of the page. They are, in order: blood, frogs, lice, wild beasts, murrain, boils, hail, locusts, darkness, slaying of the firstborn. The representation of lice is unclear, but it probably shows the ground covered with insects. Murrain is a problem, since it shows two men dying of the plague. Yet murrain is

specifically described in Scripture as affecting cattle and other domestic animals. A solution may be that after this plague God tells Pharaoh that had He wished He could have smitten 'you and your people with the plague' (*Ex.* 9:15). The naked man suffering from boils holds a bowl, apparently begging for alms. Or perhaps the bowl contains a salve. Darkness is depicted by a Hebrew sitting in his home surrounded by light, with darkness outside.

17b The commentary is not formed into a design here, perhaps because it is so lengthy. But the inner section on the right, which comments on the phrase 'finger of God', is indeed shaped like a finger!

18a The grotesque figure, part human, part bird, holding a shield, is perhaps meant to represent one of the 'evil messengers' (otherwise 'angels of evil') mentioned in the *Haggadah* text adjoining.

19a The decorated word contains five grotesque human heads, one in each letter, and two at the lower corners.

22a/22b According to the first-century Rabban Gamliel quoted here, one is obliged to mention three subjects on Passover: 'the Passover lamb, unleavened bread and bitter herbs'. Each is traditionally illustrated in the medieval *Haggadah*, although the first is sometimes omitted (as here), because the lamb no longer figures in the ceremony, being represented on the Passover plate simply by the shankbone. (But see fig. 7.)

The unleavened bread here, and the bitter herbs on the following page, are much less successfully illustrated than the scenes on the first eight leaves. But the iconography of the man sitting on a large canopied chair is the same. Both these figures are representative of Joel ben Simeon's style seen in his other manuscripts.

23b The illuminated first word *lefikhakh* (therefore) is accompanied by a winged figure holding a winecup. This is the beginning of an invitation to recite the *Hallel*, the Psalms of Praise cycle, which follows.

24a The decorated word *Halleluyah* (Praise God) has an ornamented vertical line over the last letter (*he*). This line is characteristic of the text throughout, but it is interesting to see it accorded such importance here.

25a The sheep and the ram in the margin may have been prompted by the verse from the Psalm in the text: 'The mountains danced like rams, the hills like young sheep'.

31a This elaborately ornamented initial word, *shefokh* (pour out) contains faces and a winged beast, and has four different kinds of vegetation at the corners. The plant on top may be in a majolica pot and the bird to the

◁ 6 Crossing the Red Sea. Not only is the whole concept
similar to our ff. *14b.* and *15a*, but many details are identical.
Mahzor. Italian. Fifteenth century. Written by Leon ben
Joshua of Cesena. Jewish National and University Library,
Jerusalem. MS Heb. 8° 4450, ff. 115b and 116a.

right is obviously a parrot. The man's bust on
the left holds a large cup. Is this a reference to
'pouring'?

31b The building at the foot of the letter *nun*
(second from the left) is close in style to others
in Joel ben Simeon's manuscripts (see figs 3 and
4). See also *f. 37b.*

37b The initial word *hodu* (Give thanks) is
one of the most elaborate in the manuscript.
The letters contain a fish, a dog's head, a lion
and a jester. The hunting scene behind them
includes a city in the rear. A boar is apparently
being hunted, with the help of a dog with a
red tongue.

43a The decoration of the initial word *az*
(then) is more striking than in the preceding
illuminations, and includes an unusual bright
orange. The figure here, and that on *f. 45a*,
wears the yellow Jewish badge (see also *f. 9a*),
and both point to banderoles (as on *f. 6a*). In
all cases the banderoles are blank, and it is not
easy now to determine what inscriptions (if any)
they were meant to contain. It might not be
too fanciful to suggest that they indicate special
sung passages.

The text

To trace the development of the *Haggadah* as
we know it today, and the varieties of custom
associated with it throughout the world, would
be extremely lengthy. So we shall only point
out some of the salient features of the text
in front of us, indicating where it differs from
currently accepted Ashkenazi forms. Further
details can be obtained from the works of E.
D. Goldschmidt and M. M. Kasher listed in
the bibliography, and Italiener's introduction
to the facsimile of the Darmstadt *Haggadah*
(*Darmstadt*, 1927, pp. 101–47).

The text of the *Haggadah* was still evolving
when our manuscript was written. Although
the structure and the main elements of the
ritual had been well established for centuries,
as can be seen from the ninth-century *Seder
Rav Amram Gaon*, and the later *Mahzor Vitry*,
there was still considerable room for variety
in both the wording of the text and the
performance of the ritual. Even the *Haggadot*
ascribed to Joel ben Simeon himself show
textual differences, thus proving that the scribe
did not always copy from the same *Haggadah*
manuscript. It would be reasonable to assume
that, while he travelled from one Jewish
community to another, different rituals
influenced his text. If he wrote on commission,
moreover, the individual who placed the order
might specify that certain phrases and rubrics
should be included.

Our manuscript begins with the *bedikat hamets*
(searching for leaven), unlike some other
Joel ben Simeon manuscripts as well as the
traditional festival liturgies, which first present
detailed instructions for completing the
preparations for the Passover *seder* itself.

On *f. 2a*, the word *de-arya* (of the earth),
which occurs twice, is not vocalized, and the
small circle above it probably indicates that it is
to be omitted; as it is, for example, in the
Darmstadt *Haggadah*.

On *f. 2b* the *seder* dish is called *ke'arah*, as is
traditional in the Ashkenazi rite; Sephardi
manuscripts use the word *sal*.

The green herbs traditionally called *karpas* are
here given the generic name *yerakot* (literally
'greens'), and then defined in German as
Eppich or *Kerbel* (*f. 5a*). Some manuscripts
mention *letuga* (German *Lattich*, 'lettuce'),
which is the identification given by Rashi in his
commentary to the Talmud (*Pesahim* 39a).
The word *karpas* does not occur in our text at
all.

The two symbolic foods referred to are the
roasted egg and the cooked flesh or fish (*f. 5b*).
Note that the word *zeroa* (shankbone) is not
used. The discussion as to which of the *matsot*
should be broken for the first benediction (*ff.
5a – 5b*) is familiar to us from other sources
(*Darmstadt*, Italiener, pp. 122–5). But the
conclusion that 'you can really choose which
to break' is noteworthy.

The green herbs are to be dipped in vinegar
(*homets*). The early sources differ on
this (Kasher, pp. 101–3), as can be seen in the
Darmstadt *Haggadah*, where the text mentions

7 Roasting the lamb. A scene that does not figure in our
manuscript. The man turning the spit is drinking while
he warms his toes. Murphy *Haggadah*. German. Fifteenth
century. Attributed by some scholars to Joel ben Simeon.
Jewish National and University Library, Jerusalem. MS
Heb. 24° 6130. f. 18b.

haroset, which a much later hand has emended
to *me melah* (salt water). At any rate, our text,
reflecting the need to justify the choice of
vinegar, explains that 'it is a universal custom
to eat herbs with vinegar' (*f. 5a*).

The Aramaic invitation to the *seder*, on *f. 6a*,
begins not with *ha* (this), but *ke-ha* (literally
'like this') which makes no sense. Italiener
(*Darmstadt*, p. 129) states that this is a later
usage, and that it is to be found in the early
printed Prague *Haggadot*. (For other texts with
this liturgical form see Kasher, p. 5, Hebrew
pagination.)

In the ritual of the four questions (*ff. 6b – 7a*),
the third (*f. 7a*) differs from the one recited
today, which specifies that we 'dip once'. In our
text 'we are not obliged to dip even once'. This
matches the reading of the *Mishnah* (quoted
Pesahim 116a), and is to be found in many
versions of the *Haggadah* (Kasher, p. 11,
Hebrew pagination).

The word *ha-mesapper* (whoever narrates) on
f. 7b is apparently unique to our text. It is
usually preceded by *kol* (all; meaning 'all who
narrate'). Possibly *kol* has been omitted in error
by the scribe, but since the sentence makes
sense as it stands, and there are many different
readings here (Darmstadt has *she-be-khol
ha-mesapper*), we have retained it without
emendation. The reading current today is
different again: *ve-khol ha-marbeh le-sapper* (all
who narrate at length).

Note that in the *dayyenu* song the phrase
designating the Temple is *bet ha-behirah* (*ff.
20b, 21b*) and not, as in some versions, *bet
ha-mikdash*.

The Grace after Meals (*ff. 27a – 30b*) displays
many variants from the version current today.
Many of them are comparatively minor, but
one striking feature is the close of *ya'aleh ve-
yavo*, the prayer inserted during a festival. Our
text concludes (*f. 29a*) *menahem tsiyon iro be-
vinyan yerushalayim* (who console Zion, your
city, through the building of Jerusalem),
instead of the more usual *boneh be-rahamav
yerushalayim* (who builds Jerusalem in his
mercy). Italiener notes this (*Darmstadt*, p. 140,
n. 11) and calls it 'englischer Ritus'. But it
happens to be the usual concluding phrase
when recited in a house of mourning.

The scribe places the additional prayer for the
Sabbath (*retseh*) side by side with the *ya'aleh
ve-yavo*, as if they were alternatives, since,
after *retseh*, the lead word *ve-tivneh* (and build)
is written, suggesting that the reader should
proceed straight to the next prayer. It is now
the custom on the Sabbath to recite *retseh*
before *ya'aleh ve-yavo*.

The version of *shefokh* (pour out) in our text
(*f. 31a*) is longer than usual.

There are many variants in the poems (*piyyutim*) towards the end, particularly in the words chosen to complete the alphabetical sequence at the beginnings of lines. To trace and tabulate all these would be beyond the scope of this Introduction.

The vocalization may appear incorrect to the modern reader, and the scribe no doubt was guilty of some lapses. But that of the *Haggadah*, apart from scriptural excerpts, was not standardized until comparatively recently, and was then based on phonetic rules that were not always known to medieval Jews, or not accepted by them. Sadly, we do not know with any degree of exactitude how they pronounced their Hebrew.

In our transcription we have retained the vocalization as it is, preserving, for example, the interesting *musabim* (leaning) for the usual *mesubin* (f. 7a), and *kiryat* (recital of the *Shema*) instead of *keriat* (f. 8a).

The commentary

The marginal commentary in our manuscript has surprisingly attracted less attention so far from scholars than the illuminations. Descriptions are given by Margoliouth (p. 204), Italiener (*Darmstadt*, pp. 147 – 65), Neubauer (on parallel Mss Nos 1097 and 1204) and Kasher, who culls extracts from the others. It is remarkable that the 1972 facsimile of the Darmstadt *Haggadah* contains not a single word on the commentary; disappointingly, since it reflects basically the same source as ours.

The commentary is a collection of traditions from the rabbinic schools of the Rhineland, and appears to have been produced in the school of Eleazar ben Judah of Worms (died c. 1230). His most famous work is the *Sefer ha-Rokeah*, which contains both ethical and legal material, including a section on the Passover, whose similarity with our commentary is ideological rather than verbal. That he is the author of part of our commentary is shown by the fact that he refers to Judah bar Kalonymus (ben Moses of Mainz, died c. 1200) as 'my father' (f. 17b), and to Judah (ben Samuel) Hasid (c. 1150–1217) as one of his authorities (ibid.).

The text in our manuscript is a shortened form of the one in the Darmstadt *Haggadah*, which itself does not contain the fullest version, preserved in the Bodleian Ms. Opp. 160 [Neubauer No. 1204]. (This should not be confused with the shorter version appearing in the Bodleian Mich. 571 [Neubauer No. 1097].) Most of the kabbalistic references based on numerical interpretations are omitted. Margoliouth's assertion that our commentary is 'occasionally mystical' can be substantiated only by the last interpretation of Rabbi Judah's mnemonic on f. 17b, which, as it happens, can be found neither in the Darmstadt *Haggadah* nor in either of the Oxford manuscripts. Also unique to our text are the descriptions on the same page of Judah Hasid as 'the father of widsom' and of Rabbenu Samuel as 'the prophet'. They do not occur in the commentary to the *Second Crawford Haggadah* quoted by Italiener (*Darmstadt*, p. 149) either. This Samuel is to be identified with the twelfth-century Samuel ben Kalonymus he-Hasid of Speyer. Other authorities quoted by the author include Eliezer ben Nathan of Mainz, known as Raban, or Raben (c. 1090–1170); Isaac ben Abraham (of Ramerupt, died c. 1200); Eleazar Hazan (Eleazar ben Meshullam, the teacher of Samuel ben Kalonymus); and Eleazar (ben Isaac) the Great (of Worms). The last two appear in the commentary as 'Eliezer'. Other rabbis are Kalonymus the Elder, the father of the above-named Samuel ben Kalonymus, and Kalonymus of Rome, to be identified with

Kalonymus ben Shabbetai, an older contemporary of Rashi (Solomon ben Isaac, 1040–1105), who migrated from Rome to Worms.

Two quotations in our manuscript do not appear in the Darmstadt *Haggadah*: those on ff. 26b and 27a, which may be found in the ninth-century *Seder Rav Amram Gaon* (p. 39).

The Darmstadt *Haggadah* has commentaries to the Grace after Meals and the *Nishmat* prayer that are not in our manuscript. Our commentary to the *Hallel* (Psalms of Praise cycle, *Ps. 113–18*) is, unlike that of the Darmstadt *Haggadah*, taken from Rashi. Some of our passages, however, are not to be found in the edition by Maarsen (Jerusalem, 1936): ff. 32a (last section), 32b, 33b (last section), 34a (foot).

Another medieval Ashkenazi commentary on the *Haggadah* which reflects the same sources as ours, but is otherwise quite different, has been published by M.Herschler, 'An early commentary on the *Haggadah*', (Hebrew, *Sinai* 76 [1975] p. 204–8).

The keywords given in the commentary do not always accord precisely with the text of our *Haggadah*, but this should not surprise us. For example, on f. 6b the commentary reads *ha* instead of *ke-ha*, while on f. 7b the *Haggadah* contains the word *ha-mesapper* (he who relates), while the commentary has *kol ha-mesapper* (all who relate). These discrepancies show that the commentary was not written specifically for our text, but was copied from a manuscript that followed different textual traditions.

Physical description

The manuscript consists of forty-nine leaves of thick vellum. Each vellum sheet, whose hair side is not easy to differentiate from its flesh side, is folded in two, and four sheets gathered into quires of eight leaves each. The last separate, single leaf has a stub. So all the leaves may be represented thus: 6^8, 1 + stub.

The pages were especially ruled to suit the text, therefore not uniformly. The first six leaves are ruled in pencil, the rest in ink.

The page is 375 x 275 mm, while the main text-area is 215 x (135 – 145) mm.

The binding (385 x 290 mm), of dark-brown leather, is dated to the fifteenth century, so is roughly contemporary with the manuscript. The front cover bears a delicate *cuir cisele* design: the leather has been cut away to leave the figures and ornamentation slightly raised, so that they reflect the light. The central panel (270 x 175 mm) is roughly divided into two halves by an undulating design with a circle or sphere in the middle. It appears on p. 16 and on the endpapers of this volume, the top half at the left-hand end, and the lower half at the right-hand end. The upper half shows a man and a woman, almost naked, with a plant between them. They could be Adam and Eve on either side of the Tree of Life. They are surrounded on three sides by banderoles, one of which is held by the man. Behind them is an angel (probably St Michael) brandishing a sword and a lance, and standing over a prostrate man with hooves, a tail and horns, presumably a devil.

The lower half portrays a knight, perhaps St George, in full armour, holding a dagger and confronting a dragon.

This cover is a remarkably fine example of leather work. The significance of the design is not clear. Margoliouth thought that the couple represented 'Fortune on a wheel', and that the male figure was 'probably Fame'. However, a not dissimilar contemporary binding, with what is clearly a representation of Adam and Eve, may be seen in Mitius (Tafel XII). Perhaps the angel guards the gates of Paradise, the prostrate creature below him representing

the serpent. The identity of the knight in the lower panel, who Margoliouth says was 'probably intended for St George', is also obscure, because St George is usually shown mounted. The back cover is blind tooled in a geometrical design. The centre panel (270 x 175 mm) is divided into four vertical rectangles, with the diagonals drawn in each rectangle. Within this design and in the border are some scattered triangles and rectangles, containing traces of animal motifs, perhaps hares and deer, and a few small banderoles containing stars, all placed in symmetrical patterns. The inner border contains some decoration in *cuir cisele*.

The cover is of Christian design and probably also of Christian execution. Although Jewish binders specializing in cut leather were known in southern Germany at the time, one cannot be certain that they would have produced a cover like this for such a book. It is possible that the first owner of our manuscript used covers originally intended for another work. Otto Kurz, however, believed that the binding was the work of a Jew to whom he attributed a number of other bindings. Some of his designs are based on the work of 'Master E. S.'. The iconography of the St Michael scene, although not the style, is certainly to be found in his work (Geisberg, Tafel 57).

The volume was originally held closed by four brass clasps, of which only one and a tiny part of a second remains. The spine was replaced in the nineteenth century and bears the title:

'OFFICIUM PASCHATIS HEBRAICE. MUS. BRIT. JURE EMPT. 14762.'

A label is pasted inside the front cover bearing the following information:

126. Preces Hebraicae. Manuscript of the XV Century, upon vellum. The volume is written in a large and bold hand, and many of the Initial Letters are richly painted in gold and colours. The borders are ornamented with singular illuminations from Scripture History, very unusual in Hebrew Mss. *in old ornamented binding*, 42 l. [i.e. £42] fol.

Written on the flyleaf at the end of the manuscript are the words: 'Purchased of Payne & Foss, Apr. 1844.'.

Forms of script

Hebrew reads from right to left. Most of the *Haggadah* is written in a bold Ashkenazi square script of medium size. There are on average not more than nineteen letters to a line, as can be seen from a full twelve-line page of this script, such as f. 39b. The letters, as is customary in Hebrew manuscripts, are suspended from the ruled lines. In our case they lean slightly to the left. A characteristic of this script is that the special forms of the letters, *kaf*, *nun*, *pe* and *tsadde* appearing at the ends of words do not have long stems, so the final *kaf* is almost indistinguishable from a *dalet*.

Larger script is used for initial words or for emphasizing important elements in the text, such as the benediction on f. 1b. Occasionally the lettering is of monumental proportions, such as on ff. 34b, 35a, 48b, 49a.

Smaller square scripts are used for rubrics (instructions for performing the ritual) and for the text of the *Haggadah* itself (such as on ff. 26b–30b). This smaller lettering tends to be more rounded; it may show Italian influence. The final letters have long stems.

The scribe also uses a cursive Ashkenazi script of a kind difficult for most modern readers to decipher. It is usually used here for rubrics and instructions, but also occurs in the colophon.

A much smaller cursive style is used for the commentary; and a microscopic addition to the commentary appears on f. 35b.

These various scripts, mainly used to differentiate elements in the text, are also employed for purely decorative purposes. For example, the continuous text on *f. 2b* is made up of two long lines of smaller square script followed by five and a half shorter lines of cursive. On *f. 5b* the lettering is composed in the shape of a wine cup, with two lines of square script at top and bottom, and the remainder in the cursive style. Again, the text is continuous.

Occasionally the more compact cursive script is employed instead of square lettering, to keep the line to the length required. Examples are to be found on *f. 36a*, line 9; *f. 37a*, lines 9 and 10; and most extraordinarily, *f. 34b*, line 6.

The scribe has employed a well-established technique for keeping the lines to the required length. Where there is no room for a complete word, he writes in just the first letter or two of the next word, or a shortened form of them, and continues by writing the word in full again on the next line. From time to time, however, he uses a special line-filler which resembles the second half of a *tav* (for example *f. 12b*, penultimate line). These 'graphic fillers', as he terms them, are discussed especially in Beit-Arié (pp. 27 – 37). Elongated letters are also used for this purpose, with an extreme and beautiful case being on *f. 13b*. Here, as also on *ff. 17a* and *20b*, the horizontal strokes are interrupted by short downstrokes.

Ligatures are provided for combinations of the letters *alef* and *lamed*, and also, but more rarely, for the word *amen* (twice, for instance, on *f. 3a*). The top of the *alef/lamed* ligature appears also in a special form of the divine name, which consists of two letters *yod* with a third character formed by a *yod* together with the foot of an *alef*.

Abbreviations are indicated by a vertical stroke centred above the letter, as can be seen, for example, on *f. 17a*, in Rabbi Judah's mnemonic for the plagues; also the letter *resh* representing the word 'Rabbi'. Relevant too are the letters *he, kuf, bet, he* (standing for 'the Holy One, blessed be he'). Only the last three letters are marked as abbreviations, since the first is itself the definite article. The same vertical line is placed above the letter *he* wherever it is part of the divine name (*elohim, yah*), and in some cases even where the name refers to pagan gods, for instance *f. 15a*, line 8; *f. 19b*, lines 4 and 5. A common abbreviation in *Haggadah* texts is to be found on *f. 37a*: *kaf, lamed, het* stands for *ki le-olam hasdo* (for his love endures for ever).

Red ink is sometimes used instead of black in the first nine leaves. This occasionally designates the special phrases to be used on the Sabbath, as on *f. 3a*, and is sometimes decorative, such as at the top of *f. 4a*. It is also used for the vocalization of a few of the larger initial words.

The whole text of *ke-ha lahma (f. 6a)*, written in gold leaf, is in a remarkably fine state of preservation.

A fine fabric has been used to repair the manuscript wherever chemicals in the ink have eaten away the vellum. These show up in the reproduction as occasional pale shadows over the letters.

Vocalization

With some exceptions, which seem to be scribal lapses, the square script of standard size is vocalized throughout. The smaller square script is often left without pointing, and this is sometimes deliberate, such as at the foot of *f. 2a*, the top of *f. 2b* and the middle section of *f. 5a*. The cursive script is generally unpointed, although there are exceptions, such as *f. 26b*, line 8. The vocalization was added after the text was written, possibly by the same hand.

There can be no doubt, however, that the vocalization of the whole of *ke-ha lahma (f. 6a)*, and of some of the large initial words and letters, were the work of a completely different hand. The first scribe uses small horizontal dashes for the *sheva, segol, tsere* and *dagesh*, and not round dots. Dots, however, are used in the pointing of initial letters. See, for example, the vowelling of the letters *vav* on *ff. 14b, 15a*, etc. The *hatef patah* beneath the initial letter of *avadim* (slaves) on *f. 7a* gives the impression of having been inserted after the illumination, because the illuminator would probably have avoided it if it had been there, as he did at the top of the letter and elsewhere.

Because the form of the letters *nun, kaf, pe* and *tsadde* appearing at the end of words do not have long stems, the vowels are placed beneath these letters and not in the middle of them, as is done today. It is to be noted also that the *mappik* of *yah* is sometimes placed below the *he* and not inside it, as for instance on *f. 34a*, line 10.

The question of the accuracy of the vocalization is discussed under 'The Text' (p. 14). But some idiosyncrasies may be mentioned here. Where a word is written *plene*, double pointing sometimes occurs, for instance *mekhupelet* (redoubled) (*f. 21a*, line 6). The abbreviation for *ha-kadosh barukh hu* (the Holy One, blessed be he) is also vocalized. In quotations from the Bible, the *meteg* is inserted. The *rafe* is placed above letters where required in both scriptural and non-scriptural passages. It appears, for instance, over the first *lamed* in *hallalu yah* (*ff. 34a – 34b*). Where consecutive letters require the *rafe*, one extended line is used. Note the use of the long *rafe* also where individual letters are elongated (for instance on *f. 13b*). The *rafe* occasionally appears in error above a letter which also has a *dagesh* (for instance *f. 15b*, line 7).

Vertical lines indicate pauses in the reading of the text, and double vertical lines the end of a section.

Small circles above a word usually indicate an error; examples are on *f. 2a*, at the top, where the word so marked should perhaps, as in other versions of the text, be omitted; and on *f. 30a*, line 11, where the two words marked ought perhaps to be transposed. Elsewhere the circles are used for decoration, as in *f. 17a*.

Note on the transcription

In our transcript of the *Haggadah* text we have retained the original spelling and vocalization. We have not reproduced the *rafe* or *meteg* signs. The punctuation has been brought into line with modern usage, but is largely based on the original text where pauses are marked by short vertical lines. Words added later to the manuscript have been incorporated into the text in smaller characters.

We have transcribed the manuscript verbatim, including the liturgical peculiarities of the *Haggadah*; but, rarely in the *Haggadah* and more frequently in the commentary – and particularly where the text quotes biblical sources – round brackets enclose words which should be omitted, and square brackets words which have been supplied by us.

Bibliography

Abbreviations
EJ   *Encyclopaedia Judaica*, Jerusalem, 1972
HUCA   *Hebrew Union College Annual*
JJA   *Journal of Jewish Art*
JQR   *Jewish Quarterly Review*
          (NS = New Series)
MGWJ   *Monatsschrift für Geschichte und Wissenschaft des Judentums*
REJ   *Revue des Etudes Juives*
SBB   *Studies in Bibliography and Booklore*

BEIT-ARIÉ, M. 'Joel ben Simeon's manuscripts: a codicologer's view', JJA 3/4 (1977), pp. 25 – 39.

BERNHEIMER, C. *Paleografia ebraica*, Firenze, 1924.

The Bird's Head Haggadah of the Bezalel National Art Museum in Jerusalem [A facsimile. Edited by M. Spitzer], 2 vols, Jerusalem, 1965–7.

CAHN, A. and W. 'An illuminated Haggadah of the fifteenth century', *Yale University Library Gazette* 41 (1967), pp. 166–76.

Die Darmstädter Pessach-Haggadah. Codex orientalis 8 der Landesbibliothek zu Darmstadt . . . herausgegeben und erläutert von Bruno Italiener unter Mitwirkung von Aron Freimann, August L. Mayer und Adolf Schmidt, 2 vols, Leipzig, 1927.

Die Darmstädter Pessach-Haggadah. Codex orientalis 8 der hessischen Landes- und Hochschulbibliothek Darmstadt. Erläutert und mit Anmerkungen versehen von Joseph Gutmann, Hermann Knauss, Paul Pieper und Erich Zimmerman, 2 vols, Berlin, 1972.

EDMUNDS, S. 'The place of the London Haggadah in the work of Joel ben Simeon', JJA 7 (1980), pp. 25–34.

ELEAZAR BEN JUDAH OF WORMS, *Sefer ha-Rokeah*, Jerusalem, 1967.

FOONER, M. 'Joel ben Simeon, illuminator of Hebrew manuscripts in the XVth century', JQR NS 27 (1937), pp. 217–32.

FRANKE, H. *Orientalischches aus Münchener Bibliotheken und Sammlungen* [Herausgegeben von H. F.], Wiesbaden, [1958].

GEISBERG, M. *Der Meister E. S.*, Leipzig, 1924 (*Meister der Graphik*, Bd 10).

The Golden Haggadah [A facsimile. Introduction by B. Narkiss], 2 vols, London, 1970.

GOLDIN, J. 'Some minor supplementary notes on the Murphy Haggadah', *Yale University Library Gazette* 43 (1969), pp. 39–43.

GOLDSCHMIDT, A. *German Illumination* [English translation], 2 vols, Florence, 1928.

GOLDSCHMIDT, E. D. *The Passover Haggadah. Its sources and history* [Hebrew], Jerusalem, 1969.

GUTMANN, J. *Hebrew Manuscript Painting*, New York, 1978; London, 1979.

GUTMANN, J. 'The illuminated medieval Passover Haggadah: investigations and research problems', SBB 7 (1965), pp. 3–25.

GUTMANN, J. 'Thirteen manuscripts in search of an author: Joel ben Simeon, 15th-century scribe-artist', SBB 9 (1970) pp. 76–95.

HUSUNG, M. J. 'Über den sogenannten "jüdischen Lederschnitt"', *Soncino-blätter* I (1925), pp. 29–43.

KASHER, M. M. *Haggadah shelemah* [Hebrew], Jerusalem, 1955.

KATZENSTEIN, U. 'Mair Jaffe and bookbinding research', SBB 14 (1982), pp. 17–28.

The Kaufmann Haggadah [A facsimile. Introduction by A. Scheiber], Budapest, 1957 (See the strictures of B. Narkiss, EJ, vol. 7, col. 1099).

KAUFMANN, D. 'Les cycles d'images du type allemand dans l'illustration ancienne de la Haggada', REJ, 1899, pp. 75–102.

KOESER, P. *Sinnbilder und Leitgestalten in der jüdischer Buchmalerei Deutschlands. Ausgehend von der ersten Nürnberger Haggadah des Germanischen Nationalmuseums in Nürnberg, cod. Nr. 2107b*. Unpublished doctoral thesis, University of Vienna, 1932. (I was not able to consult this work. D. G.)

KURZ, O. 'A copy after the Master E. S. on a Jewish bookbinding', *Records of the Art Museum*, Princeton XXIV (1965), p. 1.

LANDSBERGER, F. 'The Cincinatti Haggadah and its decorator', HUCA 15 (1940), pp. 529–58.

LANDSBERGER, F. 'The Jewish artist before the time of emancipation', HUCA 16 (1941), pp. 321–414.

LANDSBERGER, F. 'New studies in early Jewish artists', HUCA 18 (1944), pp. 279–318.

LANDSBERGER, F. 'The Washington Haggadah and its illuminator', HUCA 21 (1948), pp. 73–103.

MARGOLIOUTH, G. *Catalogue of the Hebrew and Samaritan Manuscripts in the British Museum*, part 2, London, 1905. (Our manuscript is No. 610, and is described on pp. 203–4.)

MARX, A. 'The Darmstadt Haggadah, with notes on illuminated Haggadah MSS.', JQR NS 19 (1928), pp. 1–16.

METZGER, M. *La Haggada enluminée*, Leiden, 1973.

MITIUS, O. *Fränkische Lederschnittbände des XV Jahrhunderts*, Leipzig, 1909 (*Sammlung bibliothekswissenschaftlicher Arbeiten*, 28 Heft).

MÜLLER, D.H. and SCHLOSSER, J. VON, *Die Haggadah von Sarajevo*, 2 vols, Vienna, 1898.

NARKISS, B. *Hebrew Illuminated Manuscripts*, Jerusalem, New York, London, 1969.

N[ARKISS], B. 'Illuminated manuscripts [of the Passover Haggadah]', EJ, vol. 7, cols 1095–1100.

NARKISS, B. 'The relation between the author, scribe, massorator and illuminator in medieval manuscripts', *La paléographie hébraïque médiévale*, Paris, 1972, pp. 79–84.

NARKISS, B. and SED-RAJNA, G. *Index of Jewish Art*, Paris, 1976–

NEUBAUER, A. *Catalogue of the Hebrew Manuscripts in the Bodleian Library*, Oxford, 1886.

PARSHANDATHA. *The Commentary of Rashi on the Prophets and Hagiographa* [Edited by I. Maarsen], Jerusalem, 1936.

Passover Haggadah, with the commentary of Eleazar ben Judah of Worms [Edited by Moses Herschler], Jerusalem, 1984. (This came too late for me to consult. D.G.)

PEYRON, B. *Codices Hebraici . . . regiae bibliothecae quae in Taurinensi Athenaeo asservatur*, Turin, 1880.

ROTH, C. 'New notes on pre-emancipation Jewish artists', HUCA 17 (1942), pp. 499–510.

The Sarajevo Haggadah [A facsimile. Introduction by C. Roth], Belgrade, 1963.

SCHUBERT, K. *Jüdische Buchkunst*, Erster Teil, Graz, 1983 (*Buchkunst im Wandel der Zeiten*, Band 3/1).

SCHWAB, M. 'Une Haggada illustrée', RJ 45 (1902), pp. 112–32.

SCHWARZ, M. 'Eine illustrirte Pessach-Haggada in der Münchener Kgl. Hof- und Staatsbibliotek', MGWJ 46 (1902), pp. 560–7.

Seder Rav Amram Gaon, Warsaw, 1865.

SIRAT, C. and BEIT-ARIÉ, M. *Manuscrits médiévaux en caractères hébraïques portant des indications de date jusqu'à 1540*, Paris and Jerusalem, 1972.

TAMANI, G. 'La préparation des manuscrits enluminés', *La paléographie hébraïque médiévale*, Paris, 1972, pp. 71–7.

WARNER, G. *Descriptive catalogue of illuminated manuscripts in the library of C. W. Dyson Perrins*, Oxford, 1920.

The Washington Haggadah [A modest reproduction], New York, 1965.

WISCHNITZER, R. *Gestalten und Symbole der jüdischen Kunst*, Berlin, 1935.

8   The front cover of the present manuscript, with its delicate *cuir ciselé* design.

TRANSCRIPTION AND TRANSLATION

אור לְאַרְבָּעָה עָשָׂר בּוֹדְקִין אֶת
הֶחָמֵץ לְאוֹר הַנֵּר ומברכי׳
בָּרוּךְ אַתָּה יְיָ אֱלֹהֵינוּ מֶלֶךְ הָעוֹלָם
אֲשֶׁר קִדְּשָׁנוּ בְּמִצְוֹתָיו וְצִוָּנוּ עַל
בִּיעוּר חָמֵץ.
ויבדוק בכל רשותו בכל מקום שרגילין לשים שם
חמץ ואחר הבדיקה ימנה מה שימצא ויאמר כך:
כָּל חֲמִירָא דְאִיתֵיה בִּרְשׁוּתִי דְּלָא
חֲמִיתֵיה וּדְלָא בִּיעַרְתֵּיה לִיבָּטֵל
וְלֶיהֱוֵי כְּעַפְרָא דארעא.
ויצניעם עד למחרתו אחר חמש שעות ואז יבטל
באמירה בלא ברכה ויאמר הכי:
כָּל חֲמִירָא דְאִיתֵיה בִּרְשׁוּתִי
דַחֲמִיתֵיה וּדְלָא חֲמִיתֵיה דְבִיעַרְתֵּיה
וּדְלָא בִּיעַרְתֵּיה לִיבָּטֵיל וְלֶיהֱוֵי
כְּעַפְרָא דארעא. וישרוף בא׳.
ואם חל יום טוב בערב שבת יעשה עירובי
תבשילין בערב יום טוב ויקח חתיכת פת וחתיכת
בשר מבושל או ביצ׳ או דג מבושלים ומזכה לכל
בני העיר על יד אחד או אשת׳ ויקחו בידם
ויברך:
בָּרוּךְ אַתָּה יְיָ אֱלֹהֵינוּ מֶלֶךְ הָעוֹלָם
אֲשֶׁר קִדְּשָׁנוּ בְּמִצְוֹתָיו וְצִוָּנוּ עַל
מִצְוַת עֵירוּב.
בְּדֵין יְהֵא שָׁרֵי לָנָא לְאַפּוּיֵי
וּלְבַשּׁוּלֵי לְתַקּוּנֵי וּלְאַטְמוּנֵי
וּלְאַדְלוּקֵי שְׁרָגָא מִיּוֹמָא טָבָא
לְשַׁבְּתָא לָנוּ וּלְכָל יִשְׂרָ׳ הַדָּרִים
בְּעִיר הַזֹּאת. ומצניעו במקום המשתמר.
סדר של פסח לא יאכל אדם עד הלילה כדכתי׳
בערב תאכלו מצות והכתוב קבעו חובה. ובער׳
סמוך לחשיכה יסדר שלחנו ומושבו בהסבת
שמאל. ולאחר בית הכנסת כשתחשך ישב עליו
ויביא לפניו הקערה שיש בה שלש מצות של
מצוה והירקו׳ ויתן כוסות מלאים יין לפני כל בני
הבית גדולים וקטנים. ואין צריך נטילת ידים רק
שיהיו נקיות. ויקח הבעל הבית הכוס ויעשה
קידוש. ואם חל בשבת יתחיל ויכלו השמים וכו׳.
וַיְכֻלּוּ הַשָּׁמַיִם וְהָאָרֶץ וְכָל צְבָאָם.
וַיְכַל אֱלֹהִים בַּיּוֹם הַשְּׁבִיעִי מְלַאכְתּוֹ
אֲשֶׁר עָשָׂה. וַיִּשְׁבּוֹת בַּיּוֹם הַשְּׁבִיעִי
מִכָּל מְלַאכְתּוֹ אֲשֶׁר עָשָׂה. וַיְבָרֶךְ
אֱלֹהִים אֶת יוֹם הַשְּׁבִיעִי וַיְקַדֵּשׁ
אוֹתוֹ כִּי בוֹ שָׁבַת מִכָּל מְלַאכְתּוֹ
אֲשֶׁר בָּרָא אֱלֹהִים לַעֲשׂוֹת. אמן.
בָּרוּךְ אַתָּה יְיָ אֱלֹהֵינוּ מֶלֶךְ הָעוֹלָם
בּוֹרֵא פְּרִי הַגֶּפֶן.
בָּרוּךְ אַתָּה יְיָ אֱלֹהֵינוּ מֶלֶךְ הָעוֹלָם
אֲשֶׁר בָּחַר בָּנוּ מִכָּל עָם וְרוֹמְמָנוּ
מִכָּל לָשׁוֹן וְקִדְּשָׁנוּ בְּמִצְוֹתָיו. וַתִּתֶּן
לָנוּ יְיָ אֱלֹהֵינוּ בְּאַהֲבָה שַׁבָּתוֹת לִמְנוּחָה
מוֹעֲדִים לְשִׂמְחָה חַגִּים וּזְמַנִּים
לְשָׂשׂוֹן אֶת יוֹם הַשַּׁבָּת הַזֶּה וְאֶת יוֹם חַג

On the day preceding the fourteenth [of Nisan] you search for *f. 1b*
leaven by the light of a lamp, and recite the benediction:
Blessed are you, O Lord, our God, king of the universe,
who sanctified us by your commandments and commanded us concerning
the removal of leaven.
You search throughout your home, in every place where leaven is customarily
put, and after the search you count what you have found and say as follows:
May all the leaven in my possession which I have not
seen or removed be annulled *f. 2a*
and be like the dust of the earth.
You put it aside until the morrow after the fifth hour, and then you annul it
by a statement, without a blessing, saying:
May all the leaven in my possession,
whether I have seen it or not,
whether I have removed it or not, be annulled
and be like the dust of the earth. You then burn it.
If the festival falls on Friday, one declares on the eve of the festival one will cook
on the holy day for the Sabbath. One takes a piece of bread and a piece of
cooked meat, or a boiled egg or some cooked fish, and a dispensation is given to the whole
community through one man or through his wife. You take the food in your hand
and recite this benediction:
Blessed are you, O Lord, Our God, king of the universe,
who sanctified us by your commandments, and commanded us concerning
the precept of the dispensation.
By virtue of this we are permitted to bake,
to cook, to prepare, to warm,
to kindle lights on the festival day for the
Sabbath, for us, and for all Jews who live
in this city. You then set it aside in a safe place.
One shall not partake of the Passover meal until nightfall, as it is written, 'In the evening you
shall eat unleavened bread' [*Ex.* 12:18]. Scripture makes it obligatory. And in the evening, *f. 2b*
just before nightfall, you should arrange your table and chair so you can lean
to the left. On returning from the synagogue at nightfall you sit down
and the dish is brought in, containing the three obligatory *matsot*,
and the herbs. Cups full of wine are placed before each member of
the household, adults and children. It is not necessary to wash the hands ritually, but
they should be clean. The head of the household takes the cup and recites the blessing
for wine. If it is the Sabbath he begins with 'And the heavens . . . were finished . . .', thus:
'**And the** heavens and earth were finished with all their host.
And on the seventh day God finished his work
that he had made, and he rested on the seventh day
from all his work which he had made. And God
blessed the seventh day, and sanctified
it, because he rested on it from all his work
which God had created and made' [*Gen.* 2:1–3] Amen.
Blessed are you, O Lord, our God, king of the universe,
who create the fruit of the vine.
Blessed are you, O Lord, our God, king of the universe, *f. 3a*
who chose us from all peoples, and exalted us above
all tongues, and sanctified us by your commandments. You have given
us, O Lord, our God, in love, Sabbaths for rest,
festivals for joy, feastdays and seasons
for gladness, this day of the Sabbath and this day of the Festival

הַמַּצּוֹת הַזֶּה. זְמַן חֵרוּתֵינוּ מִקְרָא
קֹדֶשׁ זֵכֶר לִיצִיאַת מִצְרָיִם. כִּי בָנוּ
בָחַרְתָּ וְאוֹתָנוּ קִדַּשְׁתָּ מִכָּל הָעַמִּים
שַׁבָּת וּמוֹעֲדֵי קָדְשְׁךָ לְשִׂמְחָה
וּלְשָׂשׂוֹן הִנְחַלְתָּנוּ. בָּרוּךְ אַתָּה יְיָ
מְקַדֵּשׁ הַשַׁבָּת יִשְׂרָאֵל וְהַזְּמַנִּים. אָמֵן.
בָּרוּךְ אַתָּה יְיָ אֱלֹהֵינוּ מֶלֶךְ הָעוֹלָם
שֶׁהֶחֱיָנוּ וְקִיְּמָנוּ וְהִגִּיעָנוּ לַזְּמַן הַזֶּה.
אָמֵן.

בָּרוּךְ אַתָּה יְיָ אֱלֹהֵינוּ מֶלֶךְ הָעוֹלָם
בּוֹרֵא פְּרִי הַגָּפֶן. אָמֵן.

בָּרוּךְ אַתָּה יְיָ אֱלֹהֵינוּ מֶלֶךְ הָעוֹלָם
אֲשֶׁר בָּחַר בָּנוּ מִכָּל עַם וְרוֹמְמָנוּ
מִכָּל לָשׁוֹן וְקִדְּשָׁנוּ בְּמִצְוֹתָיו. וַתִּתֶּן
לָנוּ יְיָ אֱלֹהֵינוּ בְּאַהֲבָה מוֹעֲדִים
לְשִׂמְחָה חַגִּים וּזְמַנִּים לְשָׂשׂוֹן אֶת
יוֹם חַג הַמַּצּוֹת הַזֶּה. זְמַן חֵרוּתֵינוּ
בְּאַהֲבָה מִקְרָא קֹדֶשׁ זֵכֶר לִיצִיאַת
מִצְרָיִם. כִּי בָנוּ בָחַרְתָּ וְאוֹתָנוּ
קִדַּשְׁתָּ מִכָּל הָעַמִּים וּמוֹעֲדֵי קָדְשְׁךָ
בְּשִׂמְחָה וּבְשָׂשׂוֹן הִנְחַלְתָּנוּ. בָּרוּךְ
אַתָּה יְיָ מְקַדֵּשׁ יִשְׂרָאֵל וְהַזְּמַנִּים.
אָמֵן.

בָּרוּךְ אַתָּה יְיָ אֱלֹהֵינוּ מֶלֶךְ הָעוֹלָם
שֶׁהֶחֱיָנוּ וְקִיְּמָנוּ וְהִגִּיעָנוּ לַזְּמַן הַזֶּה.
אָמֵן.

בָּרוּךְ אַתָּה יְיָ אֱלֹהֵינוּ מֶלֶךְ הָעוֹלָם
בּוֹרֵא פְּרִי הַגָּפֶן. אָמֵן.

בָּרוּךְ אַתָּה יְיָ אֱלֹהֵינוּ מֶלֶךְ הָעוֹלָם
אֲשֶׁר בָּחַר בָּנוּ מִכָּל עַם וְרוֹמְמָנוּ
מִכָּל לָשׁוֹן וְקִדְּשָׁנוּ בְּמִצְוֹתָיו. וַתִּתֶּן
לָנוּ יְיָ אֱלֹהֵינוּ בְּאַהֲבָה מוֹעֲדִים
לְשִׂמְחָה חַגִּים וּזְמַנִּים לְשָׂשׂוֹן אֶת
יוֹם חַג הַמַּצּוֹת הַזֶּה. זְמַן חֵרוּתֵינוּ
בְּאַהֲבָה מִקְרָא קֹדֶשׁ זֵכֶר לִיצִיאַת
מִצְרָיִם. כִּי בָנוּ בָחַרְתָּ וְאוֹתָנוּ
קִדַּשְׁתָּ מִכָּל הָעַמִּים וּמוֹעֲדֵי קָדְשְׁךָ
בְּשִׂמְחָה וּבְשָׂשׂוֹן הִנְחַלְתָּנוּ. בָּרוּךְ
אַתָּה יְיָ מְקַדֵּשׁ יִשְׂרָאֵל וְהַזְּמַנִּים.
אָמֵן.

בָּרוּךְ אַתָּה יְיָ אֱלֹהֵינוּ מֶלֶךְ הָעוֹלָם
בּוֹרֵא מְאוֹרֵי הָאֵשׁ. בָּרוּךְ אַתָּה יְיָ
אֱלֹהֵינוּ מֶלֶךְ הָעוֹלָם הַמַּבְדִּיל בֵּין
קֹדֶשׁ לְחוֹל בֵּין אוֹר לְחֹשֶׁךְ בֵּין
יִשְׂרָ׳ לָעַמִּים וּבֵין יוֹם הַשְּׁבִיעִי
לְשֵׁשֶׁת יְמֵי הַמַּעֲשֶׂה. בֵּין קְדוּשַׁת שַׁבָּת
לִקְדוּשַׁת יוֹם טוֹב הִבְדַּלְתָּ. וְאֶת
יוֹם הַשְּׁבִיעִי מִשֵּׁשֶׁת יְמֵי הַמַּעֲשֶׂה
קִדַּשְׁתָּ. הִבְדַּלְתָּ וְקִדַּשְׁתָּ אֶת עַמְּךָ
יִשְׂרָאֵל בִּקְדוּשָׁתֶךָ. בָּרוּךְ אַתָּה יְיָ
הַמַּבְדִּיל בֵּין קֹדֶשׁ לְקֹדֶשׁ. אָמֵן.
בָּרוּךְ אַתָּה יְיָ אֱלֹהֵינוּ מֶלֶךְ הָעוֹלָם
שֶׁהֶחֱיָנוּ וְקִיְּמָנוּ וְהִגִּיעָנוּ לַזְּמַן הַזֶּה.
אָמֵן.

בָּרוּךְ אַתָּה יְיָ אֱלֹהֵינוּ מֶלֶךְ הָעוֹלָם
בּוֹרֵא פְּרִי הַגָּפֶן. אָמֵן.

וְשׁוֹתִין בַּהֲסִיבַת שְׂמֹאל. וְאַחַר כָּךְ נוֹטֵל יָדָיו וְאֵין
מְבָרֵךְ עַל נְטִילַת יָדַיִם. וְאַחַ״כ יִקַּח הַיְרָקוֹת
שֶׁקּוֹרִין אִיפֶּךְ אוֹ קִירְבֶּל וִיבָרֵךְ בָּרוּךְ אַתָּה יי
אֱלֹהֵינוּ מֶלֶךְ הָעוֹלָם בּוֹרֵא פְּרִי הָאֲדָמָה. וִיטְבּוֹל
בְּחוֹמֶץ. שֶׁכֵּן מִנְהַג הָעוֹלָם לֶאֱכוֹל יְרָקוֹת בְּחוֹמֶץ.
וְאַחַר יִקַּח אַחַת מִשָּׁלֹשׁ מַצּוֹת שֶׁל מִצְוָה
הָאֶמְצָעִי. יֵשׁ אוֹמְרִים שֶׁנָּכוֹן לָקַחַת הָרִאשׁוֹנָה

---

of Unleavened Bread, the season of our freedom, a sacred
convocation, a memorial of the Exodus from Egypt. For you have
chosen us and sanctified us from among all peoples.
The Sabbath and your sacred festivals in joy
and gladness have you given us. Blessed are you, O Lord,
who sanctify the Sabbath, Israel and the seasons. Amen.
Blessed are you, O Lord, our God, king of the universe,
who have kept us alive, preserved us, and brought us to this season.
Amen.

Blessed are you, O Lord, our God, king of the universe,
who create the fruit of the vine. Amen. *[For a weekday evening:]*

Blessed are you, O Lord, our God, king of the universe, who
chose us from all peoples, and exalted us above all
tongues, and sanctified us by your commandments. You have given
us, O Lord, our God, in love, festivals
for joy, feastdays and seasons for gladness, this
day of the Festival of Unleavened Bread, the season of our freedom,
in love, a sacred convocation, a memorial of the Exodus
from Egypt. For you have chosen us
and sanctified us from among all peoples. Your sacred festivals
in joy and gladness have you given us. Blessed
are you, O Lord, who sanctify Israel and the seasons.
Amen.

Blessed are you, O Lord, our God, king of the universe,
who have kept us alive, preserved us, and brought us to this season.
Amen.

Blessed are you, O Lord, our God, king of the universe, who
create the fruit of the vine. Amen. *[At the conclusion of the Sabbath:]*

Blessed are you, O Lord, our God, king of the universe,
who chose us from all peoples, exalted us above
all tongues, and sanctified us by your commandments. You have given
us, O Lord, our God, in love, festivals
for joy, feastdays and seasons for gladness, this
day of the Festival of Unleavened Bread, the season of our freedom,
in love, a holy convocation, a memorial of the Exodus
from Egypt. For you have chosen us
and sanctified us from among all peoples. Your sacred festivals
in joy and gladness you have given us. Blessed
are you, O Lord, who sanctify Israel and the seasons.
Amen.

Blessed are you, O Lord, our God, king of the universe,
who create the lights of fire. Blessed are you, O Lord,
our God, king of the universe, who distinguish
sacred from profane, light from darkness,
Israel from the nations, and the seventh day from the six
workdays. You have distinguished Sabbath holiness
from festival holiness, and have sanctified the seventh
day above the six workdays.
You have distinguished and sanctified your people,
Israel, with your holiness. Blessed are you, O Lord,
who distinguish sacred from sacred. Amen.

Blessed are you, O Lord, our God, king of the universe,
who have kept us alive, preserved us, and brought us to this season.
Amen.

Blessed are you, O Lord, our God, king of the universe,
who create the fruit of the vine. Amen.

They all drink while leaning to the left. After this the celebrant washes his hands without
saying the benediction over handwashing. He then takes the herbs, which we call
Eppich [parsley, or celery] or *Kerbel* [chervil], and says the benediction: Blessed are you, O Lord,
our God, king of the universe, who create the fruits of the earth. He dips them
in vinegar, since it is a universal custom to eat herbs with vinegar.
He then takes one of the three obligatory *matsot* – the
middle one. Some say it is correct to take the first one,

f. 3b

f. 4a

f. 4b

f. 5a

משום שאין מעבירין על המצות. כיון שבאה
הראשונה לידו תחלה יעסוק בה. ויבצענה
לשתים וישים חציה בין שתי השלימות לברך
עליה על אכילת מצה ב׳א׳י׳א׳מ׳ה׳א׳ק׳ב׳ו׳ על
אכילת מצה. שלכך נקראת לחם עוני שכן דרכו
של עני לאכול בפרוסה שאין לו מצה שלימה.
וחציה האחרת יצניע תחת המפה לאפיקומן. ויש
אומרי׳ שנכון לבצו׳ המצה השנייה משום
הראשונה קְבוּעָה לְבִרְכַּת הַמּוֹצִי׳ שֶׁהִיא בְּרָכָה
רִאשׁוֹנָה וּבַשְּׁנִיָּה בִּרְכַּת אֲכִילַת מַצָּה שֶׁהִי׳ בְּרָכָה
שְׁנִיָּ׳ וזה עיקר. כי הטעם שאין מעבירין על
המצות אין בה העברה של מצוה כי אין בה כי
אם סידור המצות אחר שנבצעה המצה
שבתחילה כסדרן המצות לעשות כבראשונה
ברכת המוציא ובשנייה אכילת מצה. ואיש הישר
בעיניו יעש׳. ואחר יסיר השנייה מן הקערה וישים
אות׳ על השולחן משום שצריך להגביה הקערה
ולעוקרה מעל השלחן. והתבשילי׳ הם ביצה
צלויה ובשר מבושל או דג מבושל. והתבשילין
חד זכר לפסח וחד זכר לחגיגה והם קדשים
קלים. ואין מגביהי׳ קדשי׳ לשם קדשים בחוצה
לארץ. משום הכי מוציאי׳ מן הקער׳ שלא יהא
נראה כמגביה קדשים. ומה שעוקרין הקער׳ מעל
השולחן כדי שישאלו הבנים מה נשתנה להגיד
להם הניסים והנפלאות שעשה לנו הקב״ה. ויקח
מצה אחת בידו ויראה לכל המסבין ויתחיל
האגדה. ויאמ׳

because one should not delay performing a precept. Since the top
one is in closest reach he should use that one. He breaks it
in two and puts half between the two whole *matsot* so that he may say over it
the benediction for eating unleavened bread.
For this reason it is called 'the bread of poverty', because a poor man
customarily eats broken pieces since he does not have a whole *matsah*.
The other half he conceals beneath the cloth for the *afikomen*. Some
say that it is correct to break the second *matsah*, because
the first one is designated for the benediction over the meal, which is the first
benediction, while the second is for the benediction over *matsah* which is the second
benediction; and this is the main point. As for the objection to delaying the *f. 5b*
performance of a precept, one does not do that; one merely
ensures that the *matsot* are correctly ordered after the *matsah* has been broken
in the first place, and ensures that the first *matsah* is used for
the benediction over the meal and the second for that over *matsah*. You can
really choose [which to break]. He then moves the second *matsah* from the dish
to the table, because one has to lift the dish
and raise it over the table. The foods on the dish are a roasted
egg and some cooked meat or fish. Of these foods,
one recalls the Passover lamb and the other the offering: minor sacred
offerings. One does not lift up sacred things for sacred offerings outside the land
of Israel. Therefore we take them out of the dish [before we raise it] so as not to give
the impression that we lift up sacred things. One raises the dish above
the table so the children will ask 'Why is this night different . . . ?' and then to relate
the miracles and wonders that the Holy One, blessed be he, did for us.
The celebrant then takes one *matsah*, shows it around the table, and begins
the narration, saying:

כהא לַחְמָא עַנְיָא דְאָכָלוּ אַבְהָתָנָא
בְּאַרְעָא דְמִצְרָיִם. כָּל דִכְפִין יֵיתֵי
וְיֵכוּל כָּל דִצְרִיךְ יֵיתֵי וְיִפְסַח.
הַשָּׁתָא הָכָא. לְשָׁנָה הַבָּאָה
בְּאַרְעָא דְיִשְׂרָ׳. הָשְׁתָּא עַבְדֵי.
לַשָּׁנָה הַבָּאָה בְּנֵי חוֹרִין.
ומוזגין כוס שיני.
מַה נִּשְׁתַּנָּה הַלַּיְלָה הַזֶּה מִכָּל
הַלֵּילוֹת. שֶׁבְּכָל הַלֵּילוֹת אָנוּ
אוֹכְלִים חָמֵץ וּמַצָּה הַלַּיְלָה הַזֶּה
כֻּלּוֹ מַצָּה. שֶׁבְּכָל הַלֵּילוֹת אָנוּ
אוֹכְלִים שְׁאָר יְרָקוֹת הַלַּיְלָה הַזֶּה
מָרוֹר. שֶׁבְּכָל הַלֵּילוֹת אֵין אָנוּ

Like this is the bread of poverty which our fathers ate *f. 6a*
in the land of Egypt. Let all who are hungry come and
eat; all who are in want come and celebrate the Passover.
This year here; next year
in the land of Israel. This year slaves; *f. 6b*
next year free men.
The second cup is filled.
Why is this night different from all other
nights? On all other nights we
eat both leavened and unleavened bread; tonight *f. 7a*
only unleavened bread. On all other nights we
eat all kinds of herbs; tonight
bitter herbs. On all other nights we are not

הא לחמא עניא. קרי ליה עניא לפי שהוא
עשירית האיפה דגמרי׳ לה מעומר שהוא עשירית
האיפה. וזה שיעור מנחת עני ולכך נקרא כן.
דאל״כ אין נקרא לחם עוני. הלא מסלת נקייה
הוא. אלא ודאי על שהוא כשיעור מנחת עני
נקרא כן. ורמז בתורה שבעת ימים תאכל עליו
מצות לחם עוני. פי׳ לחם כמדת מנחת עני. **כל
דכפין ייתי ויכול.** כי כן הדין להיות רעב ליל
פסח כדי לאכול מצה לתיאבון. **כל דצריך ייתי
ויפסח.** שכל אדם יעשה עצמו כמי שהוא צריך
לאחרים לגבי פסח. ד״א כל דכפין וכו׳. וכי צריך
אדם לפתוח ביתו לכל. אלא ה״ק כל מי שלא
טעם משש שעות ומעלה שאסור לטעום כדי
שיכנס למצה לתיאבון כי הא דרבא הוה שתי
חמרא טובא וכו׳. כל דצריך. לומ׳ שהכל ראויין
להיות עניים אצל פסח שלא יאמר אני עשיר
אקיים הפסח לבדי שכן כתי׳ במכסת נפשות
לעשותו בחבורה. ויפסח. אע״פ שאין לנו עתה
קרבן אנו אומרי׳ ויפסח להזכיר הפסח. **השתא
הכא.** כלומ׳ עכשיו אנו בכאן. **לשנה הבאה
בארעא דישראל.** שכן אמר להם משה לישר׳
ואמרתם זבח פסח הוא ליי. ולהכי אומר פסוק
זה בתרגום ופסוק שלאחריו בלשון עברי לפי
שאין מוזגין הכוס אלא כשרוצים לומר מה
נשתנה שאומ׳ בו שבכל הלילות אנו שותין בין
יושבין ובין מסובי׳ ובפסוק הא לחמא עניא אינו
מדבר מעניין הכוס. לפיכך אין מוזגין בו הכוס.
וי״א דהטעם שלא יבינו השדים שאנו אומרי׳ כל
דכפין ייתי ויכול ושלא יכנסו לבית. לשנה הבאה.
פי׳ יהיה שמועת הישועה בארץ ישראל ואז
נהיה בני חורין. וזה שאמר הכתוב אשריך ארץ
שמלכך בן חורין. זהו מלך המשיח. **הלילה הזה
כולו מרור.** פי׳ בכל הלילות כל הירקות שאנו
אוכלין אפי׳ מרור מתוק בפינו ועתה הוא מר

This is the bread of poverty Called the bread of 'poverty' because it is the *f. 6b*
tenth of an ephah; a size identified by the grain-offering of the poor, which is [also] the tenth
of an ephah. Since this is the size of the 'poor'-offering, so is this [bread] called.
It would otherwise not be called the bread of 'poverty', since it is of the finest flour.
Rather because it is the *size* of the poor-offering is it
so called. As the Torah suggests: 'seven days shall you eat unleavened bread with it, the bread
of poverty' [*Deut.* 16:3], which means bread of the *quantity* of the poor-offering. **Let all
who are hungry come and eat** For it is right to be hungry on the eve of
Passover, so that one may eat unleavened bread with a good appetite. **Let all who are in want, come
and celebrate the Passover** One should, as it were, make oneself dependent on others with regard
to the Passover. Another interpretation of 'Let all who are hungry . . . ': must each
house be open to everybody? No, just to those who have not
tasted food from noon onwards, it being forbidden to eat, so that one's
first unleavened bread will be eaten with a good appetite. Rabba did this, 'who used to drink
much wine [to gain an appetite]' [*Berakhot* 35b, *Pesaḥim* 107b]. 'Let all who are in want . . . ': All
should regard themselves as poor for the Passover, so as not to say, 'I am wealthy – I
shall observe Passover on my own.' It is written: 'According to the number of souls' [*Ex.* 12:6],
so one should observe it in company. '[Let him] celebrate the Passover': Although we no longer
make a Passover offering, we say '[Let him] celebrate the Passover' to remember the offering. **This year
here**, meaning, now we are here. **Next year
in the land of Israel** For Moses said to Israel,
'You shall say, "It is the sacrifice of the Lord's Passover"' [*Ex.* 12:27]. This passage is in
Aramaic and the following one in Hebrew because the
[second] cup is filled only before reciting 'Why is this night
different . . . ', which includes 'On all other nights we drink either
sitting or leaning.' Since the passage 'This is the bread of poverty' does not
refer to the cup of wine, we do not fill the cup then.
Some say it is to prevent evil spirits from understanding the invitation 'Let all
who are hungry come and eat,' and to stop them entering the house. 'Next year'
means: May there be news of salvation in the land of Israel, and then
we shall be free men. This is the significance of 'Happy are you, O land,
when your king is a free man' [*Eccl.* 10:17], meaning the messianic king. **Tonight** *f. 7a*
it is all bitter herbs This means that on other nights all herbs,
even the bitter ones, are sweet in our mouths, but this is the most

חַיָּבִים לְטַבֵּל אֲפִלּוּ פַּעַם אַחַת
הַלַּיְלָה הַזֶּה שְׁתֵּי פְעָמִים. שֶׁבְּכָל
הַלֵּילוֹת אָנוּ אוֹכְלִים בֵּין יוֹשְׁבִים
וּבֵין מְסֻבִּים הַלַּיְלָה הַזֶּה כּוּלָּנוּ
מְסֻבִּים.
עֲבָדִים הָיִינוּ לְפַרְעֹה בְּמִצְרַיִם
וַיּוֹצִיאֵנוּ יְיָ מִשָּׁם בְּיָד חֲזָקָה וּבִזְרוֹעַ
נְטוּיָה. וְאִלּוּ לֹא הוֹצִיא הַקָּבָּ״ה
אֶת אֲבוֹתֵינוּ מִמִּצְרַיִם הֲרֵי אָנוּ
בָּנֵינוּ וּבְנֵי בָנֵינוּ מְשֻׁעֲבָּדִים הָיִינוּ
לְפַרְעֹה בְּמִצְרַיִם. וַאֲפִלּוּ כֻּלָּנוּ
חֲכָמִים כֻּלָּנוּ נְבוֹנִים כֻּלָּנוּ זְקֵנִים
כֻּלָּנוּ יוֹדְעִים אֶת הַתּוֹרָה מִצְוָה
עָלֵינוּ לְסַפֵּר בִּיצִיאַת מִצְרַיִם.
הַמְסַפֵּר בִּיצִיאַת מִצְרַיִם הֲרֵי זֶה
מְשׁוּבָּח.
מַעֲשֶׂה בְּרִ׳ אֱלִיעֶזֶר וְרִ׳ יְהוֹשֻׁעַ וְרִ׳
טַרְפוֹ׳ וְרִ׳ אֶלְעָזָר בֶּן עֲזַרְיָה וְרִ׳
עֲקִיבָא שֶׁהָיוּ מְסֻבִּין בִּבְנֵי בְרַק וְהָיוּ
מְסַפְּרִים בִּיצִיאַת מִצְרַיִם כָּל אוֹתוֹ
הַלַּיְלָה. עַד שֶׁבָּאוּ תַלְמִידֵיהֶם
וְאָמְרוּ לָהֶם רַבּוֹתֵינוּ הִגִּיעַ זְמַן
קְרִיַּת שְׁמַע שֶׁל־שַׁחֲרִית.
אָמַר רִ׳ אֶלְעָזָר בֶּן עֲזַרְיָ׳ הֲרֵי אֲנִי
כְּבֶן שִׁבְעִים שָׁנָה וְלֹא זָכִיתִי
שֶׁתֵּאָמֵר יְצִיאַת מִצְרַיִם בַּלֵּילוֹת עַד
שֶׁדְּרָשָׁהּ בֶּן זוֹמָא שֶׁנֶּאֱמַר לְמַעַן
תִּזְכּוֹר אֶת יוֹם צֵאתְךָ מֵאֶרֶץ
מִצְרַיִם כֹּל יְמֵי חַיֶּיךָ. יְמֵי חַיֶּיךָ

obliged to dip even once;
tonight twice. On all other
nights we eat either sitting or
leaning; tonight we all
lean.
We were slaves of Pharaoh in Egypt,
but the Lord brought us out from there with a strong hand and an
outstretched arm. And if the Holy One, blessed be he, had not brought *f. 7b*
our fathers out of Egypt, we,
our children, and our children's children would still be enslaved
to Pharaoh in Egypt. Therefore, even if we were all
wise men, full of understanding, advanced in years,
and knowledgeable in the Torah, we would still be under
an obligation to narrate the Exodus from Egypt.
Indeed, whoever narrates the Exodus from Egypt
is to be highly praised.
Rabbi Eliezer, Rabbi Joshua, Rabbi
Tarfon, Rabbi Eleazar ben Azariah, and Rabbi
Akiba were once reclining together at Bene Brak, and they *f. 8a*
went on narrating the Exodus from Egypt all
night, until their disciples came
and said to them, 'Masters, it is now time
to recite the Morning *Shema*'.
Rabbi Eleazar ben Azariah said: 'I am now
about seventy years old, and I was never able
to understand why one narrates the Exodus from Egypt at night, until
Ben Zoma explained it from the verse: "So that
you may remember the day that you came out of Egypt
all the days of your life" [*Deut.* 16:3] – "the days of your life" would *f. 8b*

ביותר. ואפי׳ שאר שאנו אוכלין זו הלילה מרות כמו שמררו המצריים חיי אבותינו. וסמך למקרא טוב ארוחת ירק ואהבה שם משור אבוס ושנאה בו. **מכל הלילות.** אע״פ שכתב ז׳ ימים וה״ל ל(א)ומ׳ מכל הימים אלא עיקר הנס היה בלילה דכתי׳ ליל שמורים ולישנא דקרא נקט. ובמצה נאמר גם כן שימור דכתיב ושמרתם את המצות. **עבדים היינו.** עתה מתרץ שאלת(י) מה נשתנה. **כולנו חכמים כולנו נבונים.** נקט לשו׳ הפסו׳ הבו לכם אנשים חכמים ונבונים. **כולנו יודעים את התורה.** שכתוב בה יציאת מצרים אעפ״[כ] מצווין אנו לספר בלילה הזה דכתי׳ שמור את (ה)חדש האביב. **שכל המספר וכו׳.** פירו׳ אע״פ שלמד כל מעשה יציאת מצרים עוד יש לו להזכיר כדכתיב למען תזכור את יום צאתך וכו׳. ולכן מביא מעשה הרבנים שאע״פ שיודעים מזכירין אות׳ בלילי פסח. **הרי זה משובח.** פי׳ מה נשתנה ולהשיב עבדים היינו כדי לספר ביציאת מצרים אפי׳ בינו לבין עצמו אם הוא יחיד. לכך אמר זה ולא אמר אילו לשון רבים. **הרי אני כבן שבעים שנה.** פי׳ אני זקן כאילו הייתי בן שבעי׳ כדאי׳ בברכות על הנשיאות. **שתאמר יציאת מצרים בלילות.** פי׳ בתפלת ערבי׳ בפרשת ציצית דבמערבא אמרינ׳ הכי דבר אל בני ישראל ואמרת אליהם אני יי אלהיכם אמת. ולא היו רוצים לומר יציאת מצרים לפי שאין מצותה בלילה. ולכך אמר ר׳ אלעזר לא זכיתי. לא נצחתי חכמים שתאמר וכו׳ כי הם חולקים עלי ולא יכולתי לנצחן לפי שהייתי יחיד והן רבים. עד שבא בן זומ׳ ודרש פסוק זה. וזכיתי מ[ל]שו׳ זכנהו לרבנן שר״ל ניצוח. **כל** להרבות הלילות שמספרי׳ יציאת מצרים. **וחכמים אומרים ימי חייך העולם הזה** שאין בו אריכות ימים כדכתי׳ ימי שנותינו בהם שבעים שנה וגו׳. **כל לימות המשיח.** שכתי׳ (שם) כימי (הענן יום) [העץ ימי] עמי. ור״ל כמו שמזכירין יציאת מצרים עתה כן יש לנו לזוכרו לימו׳ המשיח. **כנגד ארבעה בנים.** בארבע מקומות כתיב כדמפרש

bitter. And even the others that we eat tonight are bitter,
just as the Egyptians embittered the lives of our forefathers. Scripture supports this:
'Better is a dinner of herbs where love is than a fattened ox and hatred with it' [*Prov.* 15:17].
From all other nights Since Scripture says [that the festival lasts] seven *days*, [the *Haggadah*]
should have said '*days*'; nevertheless, the real miracle was at *night* – as it is written, 'A night much
to observe' [*Ex.* 12:42], so we follow the language of Scripture. Similarly with the unleavened bread,
the expression 'observed' is used in the text: 'You shall observe the unleavened bread' [*Ex.* 12:17].
We were slaves Now comes the answer to the question 'Why is this night different?'
Even if we were all wise men, full of understanding This echoes the verse 'Appoint *f. 7b*
for yourselves wise men, full of understanding' [*Deut.* 1:13]. **[Even if we were all]**
knowledgeable in the Torah – where the Exodus from Egypt is written down – we would still
be obliged to narrate it on this night, since it is written 'Observe the
month of Aviv' [*Deut.* 16:1]. **Whoever narrates** . . . Means even one who
has learnt the whole story of the Exodus must still
recall it, since it is written 'that you may remember the day you came out . . . ' [*Deut.* 16:3].
So the story of the rabbis is introduced, since although they knew [the Exodus],
they still related it on the nights of Passover. **Is to be highly praised** The question
'Why is this night different?' and the answer 'We were slaves' narrate
the Exodus from Egypt, even for one person on his
own. That is why 'Whoever narrates . . . *is*', in the singular, and not in the plural.
I am now about seventy years old Means: 'I am now an old man as if *f. 8a*
I were seventy years old', which is similar to his comment in *Berakhot* [28a] about the patriarchate.
Why one narrates the Exodus from Egypt at night In the Evening Service,
in the paragraph on the fringes, we learn from the Talmud [*Berakhot* 14b] that in the West [Palestine]
they said 'Speak to the children of Israel, and you shall say to them: "I am the Lord, your God.
True."' They did not wish to refer to the Exodus from Egypt, since
it is not obligatory at night. Hence Rabbi Eleazar said: 'I was not able,' [meaning]
'I was not able to convince the sages that [the Exodus] should be narrated [at night], for they
disagreed, and I was not able to triumph over them; for I was alone in my opinion,
and they were many; until Ben Zoma came and interpreted this verse.' 'I was able [*zakiti*]' comes from
the phrase *zekanho le-rabbanan* [*Niddah* 52b, *Kiddushin* 18a]: 'He triumphed [over the rabbis].'
All includes the nights, when the Exodus from Egypt should be narrated. **The sages, however,**
interpreted: 'the days of your life' indicates this world, in which there is no length of
days, as it is written, 'The days of our years are seventy years' [*Ps.* 90:10].
'All' . . . the days of the Messiah, as it is written, 'As the days of a
tree shall be the days of my people' [*Is.* 65:22]. Meaning, just as we recall the Exodus from Egypt
now, so shall we in the days of the Messiah. **With reference to** *f. 8b*
four sons In four places is 'son' mentioned, as is later explained.

הַיָּמִים. כֹּל יְמֵי חַיֶּיךָ הַלֵּילוֹת.
וַחֲכָמִים אוֹמְרִים יְמֵי חַיֶּיךָ הָעוֹלָם
הַזֶּה. כֹּל יְמֵי חַיֶּיךָ לְהָבִיא לִימוֹת
הַמָּשִׁיחַ.
בָּרוּךְ הַמָּקוֹם. בָּרוּךְ הוּא. בָּרוּךְ
שֶׁנָּתַן תּוֹרָה לְיִשְׂרָ׳. בָּרוּךְ הוּא.
כְּנֶגֶד אַרְבָּעָה בָנִים דִּבְּרָה תּוֹרָה.
אֶחָד חָכָם וְאֶחָד רָשָׁע וְאֶחָד תָּם
וְאֶחָד שֶׁאֵינוֹ יוֹדֵעַ לִשְׁאָל.
חָכָם מָה הוּא אוֹמֵ׳. מָה הָעֵדוֹת
וְהַחֻקִּים וְהַמִּשְׁפָּטִים אֲשֶׁר צִוָּה יְיָ
אֱלֹהֵינוּ אֶתְכֶם. וְאַף אַתָּה אֱמוֹר
לוֹ כְּהִלְכַת הַפֶּסַח אֵין מַפְטִירִין
אַחַר הַפֶּסַ׳ אַפִּיקוֹמֶן.
רָשָׁע מָה הוּא אוֹמֵר. מָה הָעֲבוֹדָה
הַזֹּאת לָכֶם. לָכֶם וְלֹא לוֹ. וּלְפִי
שֶׁהוֹצִיא אֶת עַצְמוֹ מִן הַכְּלָל כָּפַר
בָּעִקָּר. וְאַף אַתָּ׳ הַקְהֵה אֶת שִׁנָּיו
וֶאֱמָר לוֹ בַּעֲבוּר זֶה עָשָׂה יְיָ לִי
בְּצֵאתִי מִמִּצְרָיִם. לִי וְלֹא לוֹ. אִלּוּ
הָיָה שָׁם לֹא הָיָה נִגְאָל.
תָּם מָה הוּא אוֹמֵ׳. מַה זֹּאת.
וְאָמַרְתָּ אֵלָיו בְּחוֹזֶק יָד הוֹצִיאָנוּ יְיָ
מִמִּצְרַיִם מִבֵּית עֲבָדִים.
וְשֶׁאֵינוֹ יוֹדֵעַ לִשְׁאָל. אַתְּ פְּתַח לוֹ
שֶׁנֶּאֱמַר וְהִגַּדְתָּ לְבִנְךָ בַּיּוֹם הַהוּא
לֵאמֹר בַּעֲבוּר זֶה עָשָׂה יְיָ לִי
בְּצֵאתִי מִמִּצְרָיִם.
יָכוֹל מֵרֹאשׁ חֹדֶשׁ. תַּלְמוּד לוֹמַר

signify the days, but "*all* the days of your life", the nights.'
The sages, however, claimed 'the days of your life' indicates this world; '*all* the days of your life' shows that the days of the Messiah should be included.

Blessed is the Omnipresent. Blessed is he. Blessed is he who gave the Torah to Israel. Blessed is he.
With reference to four sons does the Torah speak:
one wise, one wicked, one simple,
and one who does not know how to ask.

The wise one, what does he say? 'What are the testimonies and the ordinances which the Lord our God has commanded you?' [*Deut.* 6:20]. And you in turn must tell him, as one of the laws of Passover, that 'one should not disperse after the Paschal lamb for *afikomen*' [*Mishnah Pesaḥim* 10:8]. *f. 9a*

The wicked one, what does he say? 'What does this service mean to you?' [*Ex.* 12:26]. 'To you', not him. Since he excludes himself from the generality he has denied the basic principle. And you in turn must set his teeth on edge and say to him, 'It is because of that which the Lord did for me when I came out of Egypt' [*Ex.* 13:8]. 'For me', not him. If he had been there, he would not have been redeemed. *f. 9b*

The simple one, what does he say? 'What is this?' [*Ex.* 13:14].
And you shall say to him, 'By strength of hand did the Lord bring me out of Egypt, out of the house of bondage' [ibid.].

As for the one who does not know how to ask, you must broach the subject; as it is said, 'You shall tell your son on that day:
It is because of that which the Lord did for me
when I came out of Egypt.'

Should one prepare from the beginning of the month? But Scripture *f. 10a*

ואזיל. **ברוך המקום.** צריך לברך על הדרשה כדאמרינן דבי רב הוה מקדים ומשי ידיה ומברך ומתני לן בפירקין. **כנגד ארבע בני׳ דברה תורה.** באפי נפשיה קאי. ודרך החכם בהתחילו לדרוש מברך מי שנתן תורה. לכן פתח ברוך שנתן תורה וכו׳. ואחר כך דורש כנגד ארבעה בנים חכם ורשע ותם ושאינו יוד׳ לשאל. **מה העדות.** פי׳ שכתוב בתורה על לוחות העדות. **החקים** דכתי׳ כחוקת הפסח וגו׳. והחכם שואל להתלמד. וכיון שאומר אלהינו אין קפידא במה שאומ׳ אתכם כי מה שאומ׳ אתכם כלומ׳ אתם שיצאתם ממצרים והעניין אירע לכם. והחכם הוא תימ׳ על עצמו על מה שאנו אוכלין החגיגה קודם לפסח והיה לנו לאכול קרבן הפסח קודם שהוא זכר לעיקר הנס. ואף אתה השב לו כהלכות הפסח ואמור לו ודאי מן הדין היה לנו לאכול הפסח אלא לפי שאין מפטירין אחר הפסח פי׳ שאין אנו יכולין ליטעום כלום אחר הפסח לכך מאחרין לאוכלו באחרונה. **אפיקומן** בלשון יווני כלום. ואפיקומן זכר לפסח שנאמ׳ על מצות ומרורי׳ וכתי׳ ביה מצות. ולכן אנו אוכלין החגיגה קודם לפי שאין מפטירין אחר הפסח אפיקומ׳ לומר אפיקו מיניה מתוקה שלא להפקיע טעם מצה בפיו. ולכך אנו אוכלין כזית מצה באחרונה זכר לפסח דבהדיא תנן כשם שאין מפטירין אחר הפסח אפיקומן כך אין מפטירין אחר מצה אפיקומן שצריך שיהא טעם מצה בפיו כמו טעם פסח. אפיקומן. פ׳ שום דבר. **ואף אתה אמור לו כהלכות הפסח.** בכ״ף פי׳ כך דינו זה כמו זה. מפי רבינו קלונימוס איש רומי. אפיקומ׳. פי׳ אחר הפסח לא היו טועמי׳ דבר אלא מפיקין מנוחה לאכול שום דבר גם כן אחר המצה. **הרשע** בכל דבריו אינו מכניס עצמו בכלל. ולכן הקהה שיניו והוציאהו. **לא היה נגאל.** גם כן לא יגאל בשאר גליות. **מה זאת.** פי׳ התם מסיח לפי תומו ושואל למה אין אנו עושין כמו בשאר חגים. **את פתח לו.** שנאמר פתח פיך לאלם. **והגדת.** פירוש פרסם לו הנס. **יכול מראש חדש.** כדאמ׳ שלשים יום קודם לפסח שואלין

Blessed is the Omnipresent One should say a benediction before commencing a discourse, as we learn from the School of Rab: 'He would first wash his hands, then pronounce a benediction, and then go over our lessons with us' [*Berakhot* 11b]. **With reference to four sons does the Torah speak** This stands [unconnected with the preceding]. The scholar, before a discourse, says '[Blessed is he] who gave the Torah to Israel. . . . ' And so it begins here: 'Blessed is he who gave the Torah to Israel. . . . ' And after this it explains, 'with reference to four sons . . . one wise, one wicked, one simple, and one who does not know how to ask.' **What are the testimonies**? That *f. 9a*
which is written in the Torah on the tablets of the testimonies. **The statutes** It is written: 'like the statute of the Passover [and its ordinance]' [*Num.* 9:14]. The wise son asks in order to be taught. And since he says 'our God' one need not worry about his saying 'you'; because when he says 'you' he means 'you who came out of Egypt, for the whole affair happened to you'. The wise one wonders why we eat the festival offering before the Paschal lamb, because logically we should eat the Paschal lamb first, since it commemorates the focal point of the miracle. 'You in turn must tell him, obeying one of the laws of Passover', and say: 'Indeed, we should logically eat the Paschal lamb [first], but since "one should not disperse after the Paschal lamb", which means we are not allowed to take anything at all after the Paschal lamb, we postpone eating it until the end.' ***Afikomen*** in Greek means 'nothing'. '*Afikomen*' is [also] a reminder of the Paschal lamb, of which it is said: 'With unleavened bread and bitter herbs [shall they eat it]' [*Num.* 9:11], so unleavened bread is mentioned there. Therefore we eat the festival offering first, because after the Paschal lamb one should not disperse for *afikomen*, which means 'remove' [*afiku mine*] all sweetmeats, in order not to rid one's mouth of the taste of unleavened bread. So at the end we eat an olive's quantity of unleavened bread as a reminder of the Paschal lamb, for we have learnt that just as one should not disperse after the Passover for *afikomen*, so should one not disperse after the unleavened bread for *afikomen* [cf. *Pesaḥim* 119b], because the taste of the unleavened bread should remain in one's mouth just as that of the Paschal lamb. '*Afikomen*' means 'nothing at all'. **You in turn must tell him, as one of the laws of Passover** It is written with a *kaf* ['as' or 'obeying'] so the law pertaining to [unleavened bread] is *as* that of [the Paschal lamb]. Thus says Rabbi Kalonymus of Rome. '*Afikomen*' means that after the Paschal lamb they did not taste anything; so, after the unleavened bread, we remove every opportunity [*mefikin menuḥah*] for eating. **The wicked one** All his words exclude him from the generality. Therefore, set his teeth on edge, and exclude him. **He would not have been redeemed** And he will not be spared other exiles either. **What is this?** *f. 9b*
The simple son, in all innocence, asks, 'Why do we not behave as on other festivals?' **You must broach the subject to him** As it is said, 'Open your mouth to the dumb' [*Prov.* 31:8]. **You shall tell** This means, 'Relate the miracle to him.' **Should one** *f. 10a*
prepare from the beginning of the month? As it says, 'Thirty days before Passover one enquires

בַּיּוֹם הַהוּא. יָכוֹל מִבְּעוֹד יוֹם.
תַּלְמוּד לוֹמַר בַּעֲבוּר זֶה. לֹא
אָמַרְתִּי אֶלָּא בְּשָׁעָה שֶׁיֵּשׁ מַצָּה
וּמָרוֹר מֻנָּחִים לְפָנֶיךָ.
מִתְּחִלָּה עוֹבְדֵי עֲ״זָ הָיוּ אֲבוֹתֵינוּ
וְעַכְשָׁיו קֵרְבָנוּ הַמָּקוֹם לַעֲבוֹדָתוֹ
שֶׁנֶּ׳ וַיֹּאמֶר יְהוֹשֻׁעַ אֶל כָּל הָעָם
כֹּה אָמַר יְיָ אֱלֹהֵי יִשְׂרָאֵל בְּעֵבֶר
הַנָּהָר יָשְׁבוּ אֲבוֹתֵיכֶם מֵעוֹלָם תֶּרַח
אֲבִי אַבְרָהָם וַאֲבִי נָחוֹר וַיַּעַבְדוּ
אֱלֹהִים אֲחֵרִים.
וָאֶקַּח אֶת אֲבִיכֶם אֶת אַבְרָהָם
מֵעֵבֶר הַנָּהָר וָאוֹלֵךְ אוֹתוֹ בְּכָל
אֶרֶץ כְּנָעַן. וָאַרְבֶּה אֶת זַרְעוֹ וָאֶתֵּן
לוֹ אֶת יִצְחָק. וָאֶתֵּן לְיִצְחָק אֶת
יַעֲקֹב וְאֶת עֵשָׂו. וָאֶתֵּן לְעֵשָׂו אֶת
הַר שֵׂעִיר לָרֶשֶׁת אֹתוֹ. יַעֲקֹב וּבָנָיו
יָרְדוּ מִצְרָיְמָה.
בָּרוּךְ שׁוֹמֵר הַבְטָחָתוֹ לְיִשְׂרָאֵל.
בָּרוּךְ הוּא. שֶׁהַקָּבָּ״הְ חִשֵּׁב אֶת
הַקֵּץ לַעֲשׂוֹת כְּמָה שֶׁאָמַר
לְאַבְרָהָם אָבִינוּ לִבְרִית בֵּין
הַבְּתָרִים. שֶׁנֶּאֱמַר וַיֹּאמֶר לְאַבְרָם
יָדֹעַ תֵּדַע כִּי גֵר יִהְיֶה זַרְעֲךָ בְּאֶרֶץ
לֹא לָהֶם וַעֲבָדוּם וְעִנּוּ אוֹתָם
אַרְבַּע מֵאוֹת שָׁנָה.
וְגַם אֶת הַגּוֹי אֲשֶׁר יַעֲבֹדוּ דָּן אָנֹכִי
וְאַחֲרֵיכֵן יֵצְאוּ בִּרְכוּשׁ גָּדוֹל.
וְהִיא שֶׁעָמְדָה לַאֲבוֹתֵינוּ וְלָנוּ.
שֶׁלֹּא אֶחָד בִּלְבַד עוֹמֵד עָלֵינוּ
לְכַלּוֹתֵינוּ. אֶלָּא שֶׁבְּכָל דּוֹר וָדוֹר
עוֹמְדִים עָלֵינוּ לְכַלּוֹתֵינוּ וְהַקָּבָּ״הְ

stipulates 'on that day'. Should one begin while it is still day?
But Scripture stipulates 'It is because of that', implying
that you should not begin until the unleavened bread
and the bitter herbs are placed before you.
In the beginning our fathers were idol-worshippers,
but now the Omnipresent has drawn us near him to worship him;
as it is said, 'Joshua said to all the people:
Thus says the Lord, God of Israel. "Long ago your fathers dwelt
on the far side of the river: Terah,
the father of Abraham and of Nahor, and they worshipped *f. 10b*
other gods.
But I took your father Abraham
from the far side of the river, and I led him through the whole
land of Canaan. And I increased the number of his descendants. I gave
him Isaac; and to Isaac I gave
Jacob and Esau. I allowed Esau to take possession of
Mount Seir. But Jacob and his children
went down to Egypt"' [*Joshua* 24:2–4].
Blessed is he who kept his promise to Israel. *f. 11a*
Blessed is he. For the Holy One, blessed be he, calculated
the time so that he might in the end do that which he promised
to our father Abraham at the covenant between
the pieces; as it is said, 'He said to Abram:
"Know for certain, that your descendants will be strangers in a land
that does not belong to them, and they will be enslaved and oppressed
for four hundred years.
But I shall then judge the nation to whom they are enslaved,
and they will later come out with great possessions"' [*Gen.* 15:13–14].
This promise stood firm for our fathers and also for us.
Because not just one alone has arisen against us *f. 11b*
to destroy us. In every generation
they have arisen against us to destroy us. But the Holy One, blessed be he,

בהלכות הפסח. **יכול מבעוד יום**. כיון שמבעוד יום אתה שוחט הפסח יהא טעון הגדה לבנו גם כן מבעוד יום. **תלמוד לומר בעבור זה**. בליל פסח שתוכל להראות באצבע מצה ומרור. **מתחלה עובדי ע״ז**. ומה עניין להזכיר ע״ז. אלא לפי שנאמר (וכל זר) [כל בן נכר] לא יאכל בו ומתרגמי׳ וכל בר ישראל דאשתמד ואגב אותו בן רשע שהזכרנו שהוצי׳ עצמו מן הכלל אי אפשר ליתן לו פסח ומצה לאכול. וע״ז [גזרו] שמתו החוטאים והעובדים לע״ז בג׳ ימי אפילה שלא היו ראויין לחקת הפסח שצוה להם משה בסמוך ליציאת מצרים שנאמר אלהי מסכה לא תעשה לך וסמיך לו את חג המצות תשמור ללמדך שאסור להאכיל הפסח לאיש עובד ע״ז. לפיכ׳ מזכיר הע״ז בכאן בסמוך לארבעה בנים. **ויאמר גם יהושע**. כשמל את ישר׳ אמר להם כל ערל לא יאכל בו. וגם לזאת הזכיר להם שבעבר הנהר ישבו אבותיכ׳ כדמפרש. **וארבה את זרעו**. שכן מצינו שהרבה זרעו בבני קטורה שאפי׳ משמותם תוכל לידע שהיו עובדי ע״ז שכולם נקרא׳ על שם ע״ז כדמפ׳ בב״ר. **ואתן לו את יצחק**. אבל באחרי׳ לא היה מתנ׳ אלא במקרה נולדו לו וזהו שנא׳ כי ביצחק יקרא לך זרע. **ברוך שומ׳ הבטח׳**. לכך מברכי׳ ברכ׳ זו לומ׳ שכשם שמברכי׳ על הטובה כך מברכין וכו׳. **מחש׳ את הקץ**. מאותו יום ואילך שכרת הקב״ה ברית עם אברהם בין הבתרי׳ חיש׳ הקץ של ארבע מאות שנה כי באות׳ יום התחיל גרות אברהם דכתי׳ ויגר אברהם בארץ פלישתים וביצחק ויגר בגרר וביעקב וישב יעקב בארץ מגורי אביו. **וענו אותם ארבע מאות שנה**. כנגד מה שאמ׳ אברהם שיעלה חשבונו ת׳ כשתחליף ג׳ בא״ת ב״ש. כי גר ותושב אני עמכם תחליף הג׳ ברי״ש זהו ת׳. וי״א כנגד ד׳ תיבות שאמר במה אדע כי אירשנה. **והיא**. אותה הבטחה שעמד׳ בין הבתרים היא

concerning the laws of Passover'. **Should one begin while it is still day?** Since
the Paschal lamb is slaughtered while it is still day, perhaps you should narrate the Exodus
to your son while it is still day? **But Scripture stipulates 'It is because of that'** On Passover
Eve, when you can actually point with your finger to the unleavened bread and the bitter herbs.
In the beginning our fathers were idol-worshippers Why mention idolatry here?
Because it is said, 'No alien shall eat of it' [*Ex.* 12:43], and this is rendered
in Aramaic, 'No Israelite who has apostasized'. It is also connected with the wicked
son whom we have mentioned and who excluded himself from the generality, so he is not
allowed to eat of the Passover lamb or unleavened bread. For this reason it was
decreed that sinners and idolaters should perish during the three days of darkness, for
they were not fit for the ordinance of the Passover, since Moses commanded them soon after
the Exodus from Egypt, 'You shall not make for yourself molten gods' [*Ex.* 34:17], which is immediately
followed by, 'You shall keep the feast of unleavened bread' [*Ex.* 34:18]. This is to teach you
that it is forbidden to allow an idolater to eat any of the Passover lamb. That is why
idolatry is mentioned here soon after the passage concerning the four sons. **And Joshua
also said** When he circumcized Israel he said to them: 'No uncircumcized male
shall eat of it' [cf. *Ex.* 12:48]. It is in this connection that he reminded them that their fathers
had dwelt beyond the river, as it is explained. **I increased the number of his descendants** Thus *f. 10b*
we find that [God] increased his descendants through the children of Keturah [Abraham's second wife];
and their names identify them as idolaters, for they were all named
after idols, as is explained in *Genesis Rabbah* [61:4]. **I gave him Isaac** The other
[sons] were not gifts, but were simply born by chance. This is
the significance of: 'In Isaac shall your seed be called' [*Gen.* 21:12]. **Blessed is he who kept** *f. 11a*
his promise to Israel We pronounce this benediction since, just as we must say
a blessing over good tidings, so must we say one [over evil tidings]. **He calculated
the time** From the day that the Holy One, blessed be he, made a covenant with
Abraham 'between the pieces', he calculated four hundred
years; for it was on that day that Abraham's sojourning began; as it is written,
'Abraham sojourned in the land of the Philistines' [*Gen.* 21:34]; Isaac 'sojourned in Gerar'
[*Gen.* 20:1];* and 'Jacob dwelt in the land of his father's sojournings' [*Gen.* 37:1]. **They will
be oppressed for four hundred years** This is Abraham's statement,
equivalent to 400, if you change the letter *gimel* by the rules of *atbash* [i.e. A=Z, B=Y, etc.]. For in 'I am a
sojourner [*ger*] and a dweller among you' [*Gen.* 23:4], changing *gimel* for *resh* gives 400 [R+R=200+200].
Some see in it [Abram's] four [Hebrew] words, 'How shall I know that I shall inherit it?' [*Gen.* 15:8].
This This promise that stood firm in the covenant 'between the pieces' is the same promise

*This verse actually refers to Abraham. The commentator had in mind: 'Isaac dwelt in Gerar' [*Gen.* 26:6], or: 'Sojourn in this land' [*Gen.* 26:3].

מַצִּילֵנוּ מִיָּדָם.

צֵא וּלְמַד מַה בִּקֵּשׁ לָבָן הָאֲרַמִּי לַעֲשׂוֹת לְיַעֲקֹב אָבִינוּ. שֶׁפַּרְעֹה לֹא גָזַר אֶלָּא עַל הַזְּכָרִים. וְלָבָן בִּקֵּשׁ לַעֲקֹר אֶת הַכֹּל. שֶׁנֶּאֱמַר אֲרַמִּי אֹבֵד אָבִי וַיֵּרֶד מִצְרַיְמָה וַיָּגָר שָׁם בִּמְתֵי מְעָט וַיְהִי שָׁם לְגוֹי גָּדוֹל עָצוּם וָרָב.

וַיֵּרֶד מִצְרַיְמָה. אָנוּס עַל פִּי הַדִּבּוּר. **וַיָּגָר** שָׁם. מְלַמֵּד שֶׁלֹּא יָרַד לְהִשְׁתַּקֵּעַ אֶלָּא לָגוּר שָׁם. שֶׁנֶּ׳ וַיֹּאמְרוּ אֶל פַּרְעֹה לָגוּר בָּאָרֶץ בָּאנוּ כִּי אֵין מִרְעֶה לַצֹּאן אֲשֶׁר לַעֲבָדֶיךָ כִּי כָבֵד הָרָעָב בְּאֶרֶץ כְּנָעַן. וְעַתָּה יֵשְׁבוּ נָא עֲבָדֶיךָ בְּאֶרֶץ גֹּשֶׁן.

בִּמְתֵי מְעָט. כְּמָה שֶׁנֶּ׳ בְּשִׁבְעִים נֶפֶשׁ יָרְדוּ אֲבֹתֶיךָ מִצְרָיְמָה. וְעַתָּה שָׂמְךָ יְיָ אֱלֹהֶיךָ כְּכוֹכְבֵי הַשָּׁמַיִם לָרֹב.

וַיְהִי שָׁם לְגוֹי גָּדוֹל. מְלַמֵּד שֶׁהָיוּ יִשְׂרָאֵל מְצוּיָּנִים שָׁם. גָּדוֹל וְעָצוּם. שֶׁנֶּאֱמַ׳ וּבְנֵי יִשְׂרָאֵל פָּרוּ וַיִּשְׁרְצוּ וַיִּרְבּוּ וַיַּעַצְמוּ בִּמְאֹד מְאֹד וַתִּמָּלֵא הָאָרֶץ אוֹתָם.

וָרָב. כְּמָה שֶׁנֶּ׳ רְבָבָה כְּצֶמַח הַשָּׂדֶה נְתַתִּיךְ. וַתִּרְבִּי וַתִּגְדְּלִי וַתָּבֹאִי בַּעֲדִי עֲדָיִים. שָׁדַיִם נָכֹנוּ וּשְׂעָרֵךְ צִמֵּחַ וְאַתְּ עֵרֹם וְעֶרְיָה.

וַיָּרֵעוּ אוֹתָנוּ הַמִּצְרִיִּים וַיְעַנּוּנוּ וַיִּתְּנוּ עָלֵינוּ עֲבֹדָה קָשָׁה.

וַיָּרֵעוּ אוֹתָנוּ הַמִּצְרִים. כְּמָה שֶׁנֶּ׳

---

has delivered us from their hands.

Go and learn what Laban the Aramean tried
to do to our father Jacob. Pharaoh issued a decree
only against the males, but Laban tried
to uproot everything; as it is said, 'An Aramean
tried to destroy my father, and he went down to Egypt and sojourned there,
few in number. But there he became a great nation,
powerful and numerous' [*Deut.* 26:5].

'**He went** down to Egypt' – unwillingly, at the divine behest.   *f. 12a*
'And sojourned there' – showing that he did not go down
to settle permanently but to sojourn there; as it is said,
'They said to Pharaoh: "We have come to sojourn
in the land, for there is no pasture for your servants'
flocks, because the famine is severe in the land
of Canaan. Therefore, please allow your servants to dwell in the land
of Goshen"' [*Gen.* 47:4].

'**Few** in number'; as it is said, 'With seventy
souls did your fathers go down into Egypt, but now
the Lord your God has made you like the stars of heaven
in multitude' [*Deut.* 10:22].

'**There** he became a great nation' – showing that   *f. 12b*
Israel were distinguished there. 'Great . . . powerful';
as it is said, 'The children of Israel were fruitful
and multiplied and increased in number, and became extremely powerful,
and the land became full of them' [*Ex.* 1:7].

'**Numerous**'; as it is said, 'I made you grow like a plant in the field;
you grew up and became tall. You reached a peak
of beauty with firm breasts and flowing
hair, whereas before you were naked and bare' [*Ezek.* 16:7].

'**And the** Egyptians dealt evilly with us, and afflicted us,   *f. 13a*
and imposed hard labour upon us' [*Deut.* 26:6].
'**And the** Egyptians dealt evilly with us'; as it is said,

שֶׁעָמְדָה לַאֲבוֹתֵינוּ וְלָנוּ. פי׳ גם לנו כי בכל הגליות נאמ׳ אותו פסוק. **וְאַחֲרֵי כֵן יֵצְאוּ בִּרְכֻשׁ גָּדוֹל.** וכן הוא אום׳ בדניאל כי למועד מועדי׳ וחצי (מועד) וכתי׳ מועד צאתך ממצרים וכתי׳ על העתי׳ (בימים) (כימי) כימי צאתך מארץ מצרים אראנו נפלאות. וכן הוא אומ׳ וגם את הגוי אשר יעבדו דן אנכי. פי׳ סתמ׳ איזה גוי שיעבדו דן אנכי. כך בוטחי׳ אנו תמיד בהקב״ה שיריב ריבנו ויצילנו מידם.

כי כן מצינו שלבן ששעבד ליעקב כדין כדכתי׳ ויבא אלהים אל לבן וגומ׳ והציל יעקב כדכתי׳ קום צא מן הארץ וגו׳ וכשאמר יש לאל ידי ו[י]רדף אחריו. **בִּקֵּשׁ לַעֲקוֹר אֶת הַכֹּל.** כי כמעשה יציאת מצרים כן מעשה יעקב ולבן וכן מעשה כל הגליות וכל האומות ידין הקב״ה לעתיד לבא בעמק יהושפט כדאמ׳ (ונשפטתי שם על שם עמי) [ונשפטתי עמם שם על עמי ונחלתי] ישראל וגומ׳ ואומ׳ הנה יום בא לי״י וחלק שללך בקרב׳. וכמו שעמד לבן אותה הבטחה בין הבתרי׳ כן תעמוד לנו בכל דור ודור. **עַל פִּי הַדִּבּוּר.** שנ׳ אנכי ארד עמך וגו׳ וזהו אנוס שהיה ליעקב לירד למשוך למצרי׳ בשלשלת ברזל כמו שנ׳ בחבלי אדם אמשכם אלא שזכותו גרמ׳ לו. **בִּמְתֵי מְעָט כְּמוֹ שֶׁנֶּאֱמַר וְכוּ׳.** זהו נקרא מעט כנגד שבעי׳ אומות שמתמעטים והולכין כפרי החג. **מְצוּיָּנִין.** פי׳ ניכרין בציצית בלבושיהן ולא שינו לשונ׳. או מלשון הציבי לך ציוני׳ פי׳ כאמות ציונים שעומדים זה על גב זה. **וַיָּרֵעוּ.** לשו׳ תוֹסֵף רעה. פי׳ הרעו לנו יותר שכך אמרו הבה נתחכמה יותר משאר המציקים כי אמרו עשו היה שוטה שאמר יקר_ו ימי אבל אבי ולא היה יודע שיעקב יוליד בנים בתוך כך. **עֲבוֹדָה קָשָׁה.** שהיו מפרישין מנשותיהן שלא יפרו. וזה שאמ׳ בפרך לשון פרכת דבר המבדיל שנא׳ והבדילה הפרכת ולכך מתרגמינן בקשיו. זו קשה לאיש וקשה

---

that **stood firm for our fathers, and also for us.** This means: for us as well, because all
our exiles are referred to in this verse. **And afterwards they will come out with great
possessions** Similarly it says in *Daniel*, 'It shall be for a season, seasons and half a season' [*Dan.* 12:7];
and it is also written, 'At the season that you came out of Egypt' [*Deut.* 16:6]. It is
written of these times, 'As in the days when you came out of the land of Egypt I shall show him
wonders' [*Micah* 7:15]. And so it says here, 'Then the nation to whom they are enslaved
shall I judge.' This means, any nation to whom they are enslaved shall be judged by me. Therefore,
we shall trust continually in the Holy One, blessed be he, that he will take up our cause and
deliver us from their hands.

[**Go and learn . . .**] For we find that Laban subjugated Jacob according to the divine command, as   *f. 11b*
it is written, 'God came to Laban', etc. [*Gen.* 31:24]. And he saved Jacob, as it is written,
'Arise, get out of this land' [*Gen.* 31:13], and Laban said, 'It is in my power [to harm you]' [*Gen.* 31:29],
'and he pursued him' [*Gen.* 31:23]. [**Laban] tried to uproot everything** For the experience of
the Exodus from Egypt was like that of Jacob and Laban, and like that of
every exile. And all the nations will one day be judged by the Holy One, blessed be he,
in the Valley of Jehoshaphat; as it is said, 'I will enter into judgment with
them there on behalf of my people, and my inheritance Israel', etc. [*Joel* 4:2]. And it also
says, 'Behold, a day of the Lord comes, when your spoil will be divided in your midst' [*Zech.* 14:1]. Just as
this promise 'between the pieces' held firm in the case of Laban, so will it hold firm
for us in every generation. **At the divine behest** As it is said, 'I will go down   *f. 12a*
with you', etc. [*Gen.* 46:4]. And this explains 'unwillingly', for Jacob should have been dragged
down to Egypt in iron chains, as it is said, 'I drew them with a man's
cords' [*Hosea* 11:4], but his merit protected him. **Few in number, as it is said, etc.** They are called
'few' to match the seventy nations who gradually become fewer, like the oxen offered on [Tabernacles].
Distinguished [*metsuyanim*] Means distinguishable by the fringes on their garments,   *f. 12b*
and by the fact that they did not alter their language. Or it is derived from: 'Set up waymarks
[*tsiyunim*] for yourself' [*Jer.* 31:21], meaning: distinguished like the waymarks that stand one next
to the other. **Dealt evilly with us** That is, with additional evil, meaning that
they dealt more evilly with us. This is what they said: 'Let us deal wisely',
more wisely than the other oppressors; for they said that Esau was a fool for declaring: 'When the
time of mourning for my father is over [I shall kill my brother Jacob]' [*Gen.* 27:41], not realizing
that Jacob, by then, would have children. **Hard labour [*avodah kashah*]** They separated   *f. 13a*
from their wives, so that they should not have children. This is the significance of *be-farekh*
['with rigour'], a word related to *parokhet* [a separating curtain], as it is said, 'the curtain
shall separate' [*Ex.* 26:33]. Hence the *Targum* renders *be-farekh* as 'with difficulty', because it is as

הָבָה נִתְחַכְּמָה לוֹ פֶּן יִרְבֶּה וְהָיָה
כִּי תִקְרֶאנָה מִלְחָמָה וְנוֹסַף גַּם
הוּא עַל שׂנְאֵינוּ וְנִלְחַם בָּנוּ וְעָלָה
מִן הָאָרֶץ.
וַיְעַנּוּנוּ. כְּמָה שֶׁנֶ׳ וַיָּשִׂימוּ עָלָיו שָׂרֵי
מִסִּים לְמַעַן עַנּוֹתוֹ בְּסִבְלוֹתָם וַיִּבֶן
עָרֵי מִסְכְּנוֹת לְפַרְעֹה אֶת פִּיתֹם
וְאֶת רַעַמְסֵס.
וַיִּתְּנוּ עָלֵינוּ עֲבוֹדָה קָשָׁה כְּמָה
שֶׁנֶּאֱמַ׳ וַיַּעֲבִדוּ מִצְרַיִם אֶת בְּנֵי
יִשְׂרָ׳ בְּפָרֶךְ.
וַנִּצְעַק אֶל יְיָ אֱלֹהֵי אֲבֹתֵינוּ וַיִּשְׁמַע
יְיָ אֶת קֹלֵנוּ וַיַּרְא אֶת עָנְיֵנוּ וְאֶת
עֲמָלֵנוּ וְאֶת לַחֲצֵנוּ.
וַנִּצְעַק אֶל יְיָ אֱלֹהֵי אֲבוֹתֵינוּ. כְּמָה
שֶׁנֶּאֱמַר וַיְהִי בַיָּמִים הָרַבִּים הָהֵם
וַיָּמָת מֶלֶךְ מִצְרַיִם וַיֵּאָנְחוּ בְנֵי
יִשְׂרָאֵל מִן הָעֲבוֹדָה וַיִּזְעָקוּ וַתַּעַל
שַׁוְעָתָם אֶל הָאֱלֹהִים מִן הָעֲבוֹדָה.
וַיִּשְׁמַע יְיָ אֶת קֹלֵנוּ. כְּמָה שֶׁנֶּאֱמַר
וַיִּשְׁמַע אֱלֹהִים אֶת נַאֲקָתָם וַיִּזְכֹּר
אֱלֹהִים אֶת בְּרִיתוֹ אֶת אַבְרָהָם
אֶת יִצְחָק וְאֶת יַעֲקֹב.
וַיַּרְא אֶת עָנְיֵנוּ. זוֹ פְּרִישַׁת דֶּרֶךְ
אֶרֶץ. כְּמַה־שֶׁנֶּאֱמַ׳ וַיַּרְא אֱלֹהִים
אֶת בְּנֵי יִשְׂרָאֵל וַיֵּדַע אֱלֹהִים.
וְאֶת עֲמָלֵינוּ. אִלּוּ הַבָּנִים כְּמַה־
שֶׁנֶּאֱמַר כָּל הַבֵּן הַיִּלּוֹד הַיְאוֹרָה
תַּשְׁלִיכֻהוּ וְכָל הַבַּת תְּחַיּוּן.
וְאֶת לַחֲצֵינוּ. זוֹ הַדְּחַק כְּמַה־
שֶׁנֶּאֱמַר וְגַם רָאִיתִי אֶת הַלַּחַץ
אֲשֶׁר מִצְרַיִם לוֹחֲצִים אֹתָם.
וַיּוֹצִיאֵנוּ יְיָ מִמִּצְרַיִם בְּיַד חֲזָקָה
וּבִזְרֹעַ נְטוּיָה וּבְמוֹרָא גָּדוֹל
וּבְאוֹתוֹת וּבְמוֹפְתִים.
וַיּוֹצִיאֵנוּ יְיָ אֱלֹהֵינוּ מִמִּצְרַיִם. לֹא
עַל יְדֵי מַלְאָךְ וְלֹא עַל יְדֵי שָׂרָף
וְלֹא עַל יְדֵי הַשָּׁלִיחַ. אֶלָּא הַקָּבָּ״הֿ
בִּכְבוֹדוֹ וּבְעַצְמוֹ שֶׁנֶּאֱמַ׳ וְעָבַרְתִּי
בְאֶרֶץ מִצְרַיִם בַּלַּיְלָה הַזֶּה וְהִכֵּיתִי

'Come, let us deal wisely with them in case they increase, and then
if we have to go to war they may join
our enemies and fight against us, and so get out
of the land' [*Ex.* 1:10].
'**And afflicted** us'; as it is said, 'They set taskmasters
over them in order to afflict them with their burdens. And they built
store-cities for Pharaoh, namely Pithom
and Raamses' [*Ex.* 1:11].
'**And imposed** hard labour upon us'; as it is
said, 'The Egyptians made the children of *f. 13b*
Israel work with great rigour' [*Ex.* 1:13].
'**But we** cried to the Lord God of our fathers, and the Lord
heard our voice, and saw our affliction, and
our trouble, and our oppression' [*Deut.* 26:7].
'**But we** cried to the Lord God of our fathers'; as
it is said, 'It happened in the course of many days
that the king of Egypt died, and the children of Israel *f. 14a*
groaned because of the labour, and they cried out, and their protest
at the labour ascended to God' [*Ex.* 2:23].
'**And the** Lord heard our voice'; as it is said,
'God heard their complaint, and God remembered
his covenant with Abraham,
with Isaac, and with Jacob' [*Ex.* 2:24].
'**And saw** our affliction'. This refers to the interruption
in the way of the world; as it is said, 'God saw
the children of Israel, and God knew' [*Ex.* 2:25].
'**And our** labour'. This refers to the children; as it is *f. 14b*
said, 'Every son that is born shall you throw
into the river, but all the daughters you shall keep alive' [*Ex.* 1:22].
'**And our** oppression'. This refers to the pressure; as it is
said, 'I have also seen the oppression
with which the Egyptians oppress them' [*Ex.* 3:9].
'**And the** Lord brought us out of Egypt with a strong hand
and an outstretched arm; with great terror,
with signs, and with wonders' [*Deut.* 26:8].
'**And the** Lord our God brought us out of Egypt' – not *f. 15a*
by an angel, not by a seraph,
not by an agent; but the Holy One, blessed be he,
in his glory, by himself; as it is said, 'I shall pass through
the land of Egypt in that night, and I shall smite

לאשה. וכן נאמר בעבד עברי לא תרדה בו בפרך
לא תפרישהו מאשתו לתת לו שפחה כנענית כדי
להרבות לך עבדים. וכן הנמכר לגוי כתי׳ לא
ירדנו בפרך לעיניך שלא יפרישנו מאשתו.
ויאנחו בני ישראל מן העבודה. לפי שהמלך
הראשון לא העבידם מפני אהבת יוסף. **קולינו**.
אילו האבות. באברהם כתי׳ עקב אשר שמ׳
(אברהם) בקולי. ביצחק כתי׳ שאמ׳ הקול קול
יעקב. אחד לו ואחד ליעקב. **ענינו**. לש׳
[ו]עונתה לא יגרע. זה שאמ׳ **זו פרישות דרך ארץ**
כי עונה נקרא דרך ארץ כדכתיב (ואין איש)
[ואיש אין בארץ] לבא עלינו כדרך כל הארץ.
וידע אלהים. פי׳ שאותו דרך שציוה להם פריה
ורביה נתבטל מהם. ד״א וידע אלהים. ראה
שנתבטל אות׳ דבר שכתוב עליו וידע וזהו
תשמיש כדכתי׳ וידע אדם את חוה אשתו.
עמלינו אילו הבנים. כדאמרי׳ כי אדם לעמל יולד
וזהו שנאמר כל הבן הילוד היאורה תשליכוהו.
זה הדחק. והנוגשי׳ אצים ומתרגמינן דחקין. **זה
הדבר** דכתיב הנה יד יי הויה במקנך וכתי׳ וגם יד
יי היתה בם להומם וגומ׳. **ובמורא זו גילוי
שכינה**. כדכתי׳ בעלי הנגלה נגליתי [אל] (ל)בית
אביך בהיותם במצרים. **ובאותות זה המטה**.
שנאמר בו אות השליכהו ארצה ואמ׳ והיה אם
לא יאמינו [לך ולא ישמעו] לקול האות הראשון.

hard for the man as his wife. So also, a Hebrew slave 'You shall not rule with rigour' [*Lev.* 25:43],
meaning do not separate him from his wife and give him a Canaanite slave girl
to beget you more slaves. Also of one who sold himself to a non-Hebrew is it written: 'He shall not
rule him with rigour' [*Lev.* 25:53], meaning he should not separate him from his wife.
The children of Israel groaned because of the labour For the first *f. 14a*
king did not enslave them, out of the love he bore for Joseph. **Our voice**
These* refer to the patriarchs. Of Abraham is it written, 'Because you have listened to my voice'
[*Gen.* 22:18]. Of Isaac it is written that he said: 'The voice is the voice of Jacob' [*Gen.* 27:22] – one
['voice'] for him and one for Jacob. **Our affliction [*onyenu*]** Connected with: 'Her conjugal rights [*onatah*]
he shall not diminish' [*Ex.* 21:10]. That is why it says that it refers to **the interruption in the way
of the world,** for conjugal rights are termed 'the way of the world'; as it is written, 'There is not
a man in the earth who can come into us after the way of the world' [*Gen.* 19:31].
And God knew Namely, he knew that the way by which he had commanded them to bear fruit
and multiply had now been discontinued. Another interpretation of 'And God knew' is that he saw
that there was a cessation of that practice of which it is written, 'he knew', namely,
sexual intercourse; as it is said, 'Adam knew Eve, his wife' [*Gen.* 4:1].
Our trouble** These are the sons; as we learn: 'Man is born for trouble' [*Job* 5:7]. Hence the quotation: *f. 14b*
'Every son that is born you shall throw into the river.' **This refers to the pressure [*deḥak*]**
'The taskmasters were urgent' [*Ex.* 5:13], in the *Targum* is: 'they put pressure [*daḥakin*] on them'. **This** *f. 15a*
is the murrain As it is written, 'Behold the hand of the Lord is against your cattle'; and it is also
written, 'The hand of the Lord was against them in order to destroy them', etc. [*Deut.* 2:15]. **With (great)** *f. 16a*
terror . . . This is the revelation of the Shekhinah As it is written concerning Eli, 'Did I reveal
myself to your father's house when they were in Egypt?' [*I Sam.* 2:27]. **And with signs. This is the rod,**
described as a sign: 'Throw it on the ground' [*Ex.* 4:3]; and it then says, 'And it shall be that if
they do not believe in you, nor listen to the voice of the first sign' [*Ex.* 4:8].

*The commentator reads the Hebrew as plural, 'voices'.   **The commentator reads the Hebrew as plural, 'troubles'.

כָּל בְּכוֹר בְּאֶרֶץ מִצְרַיִם מֵאָדָם וְעַד בְּהֵמָה וּבְכָל אֱלֹהֵי מִצְרַיִם אֶעֱשֶׂה שְׁפָטִים. אֲנִי יְיָ.

וְעָבַרְתִּי בְּאֶרֶץ מִצְרַיִם. אֲנִי וְלֹא מַלְאָךְ. וְהִכֵּתִי כָל בְּכוֹר. אֲנִי וְלֹא שָׂרָף. וּבְכָל אֱלֹהֵי מִצְרַיִם אֶעֱשֶׂה שְׁפָטִים. אֲנִי יְיָ. אֲנִי וְלֹא הַשָּׁלִיחַ. אֲנִי הוּא וְלֹא אַחֵר.

בְּיָד חֲזָקָה. זוֹ הַדֶּבֶר כְּמַה־שֶׁנֶּאֱמַר הִנֵּה יַד יְיָ הוֹיָה בְּמִקְנְךָ אֲשֶׁר בַּשָּׂדֶה בַּסּוּסִים בַּחֲמֹרִים בַּגְּמַלִּים בַּבָּקָר וּבַצֹּאן דֶּבֶר כָּבֵד מְאֹד.

וּבִזְרוֹעַ נְטוּיָה. זוֹ הַחֶרֶב כְּמַה־שֶּׁנֶ׳ וְחַרְבּוֹ שְׁלוּפָה בְּיָדוֹ נְטוּיָה עַל יְרוּשָׁלָם.

וּבְמוֹרָא גָּדוֹל. זוֹ גִלּוּי שְׁכִינָה כְּמַה־שֶּׁנֶּאֱמַר אוֹ הֲנִסָּה אֱלֹהִים לָבוֹא לָקַחַת לוֹ גוֹי מִקֶּרֶב גּוֹי בְּמַסּוֹת בְּאֹתֹת וּבְמוֹפְתִים וּבְמִלְחָמָה וּבְיָד חֲזָק׳ וּבִזְרוֹעַ נְטוּיָה וּבְמוֹרָאִים גְּדֹלִים כְּכָל אֲשֶׁר עָשָׂה לָכֶם יְיָ אֱלֹהֵיכֶם בְּמִצְרַיִם לְעֵינֶיךָ.

וּבְאֹתֹת. זֶה הַמַּטֶּה כְּמַה־שֶּׁנֶּאֱמַר וְאֶת הַמַּטֶּה הַזֶּה תִּקַּח בְּיָדֶךָ אֲשֶׁר תַּעֲשֶׂה בּוֹ אֶת הָאֹתֹת.

וּבְמוֹפְתִים. זֶה הַדָּם כְּמַה־שֶּׁנֶּאֱמַר וְנָתַתִּי מוֹפְתִים בַּשָּׁמַיִם וּבָאָרֶץ דָּם וָאֵשׁ וְתִמְרוֹת עָשָׁן.

דָּבָר אַחֵר. בְּיָד חֲזָקָה שְׁתַּיִם. וּבִזְרוֹעַ נְטוּיָה שְׁתַּיִם. וּבְמוֹרָא גָּדוֹל שְׁתַּיִם. וּבְאֹתֹת שְׁתַּיִם. וּבְמוֹפְתִים שְׁתַּיִם.

אֵלּוּ עֶשֶׂר מַכּוֹת שֶׁהֵבִיא הַקָּבָּ״הְ עַל הַמִּצְרִיִּ׳ בְּמִצְרַיִם. אֵלּוּ הֵן.

דָּם	צְפַרְדֵּיעַ	כִּנִּים
עָרוֹב	דֶּבֶר	שְׁחִין
בָּרָד	אַרְבֶּה	חשֶׁךְ

מַכַּת בְּכוֹרוֹת.

ר׳ יְהוּדָה הָיָה נוֹתֵן בָּהֶם סִימָנִים. דְּצַ״ךְ עֲדַ״שׁ בְּאָחָ״ב.

every firstborn in the land of Egypt, both man and beast, and against all the gods of Egypt I shall execute judgments, I, the Lord' [*Ex.* 12:12].

'I shall pass through the land of Egypt' – I, and not an angel. 'And I shall smite every firstborn' – I, and not a seraph. 'And against all the gods of Egypt I shall execute judgments, I, the Lord' – I, and not an agent. I am he, and not another. *f. 15b*

'With a strong hand'. This is the murrain; as it is said, 'Behold, the hand of the Lord is against your cattle that is in the field, against horses, asses, camels, herds and flocks, a very severe murrain' [*Ex.* 9:3].

'And with an outstretched arm'. This is the sword; as it is said, 'With his unsheathed sword in his hand, stretched out over Jerusalem' [*I Chron.* 21:16]. *f. 16a*

'With great terror'. This is the revelation of the divine presence; as it is said, 'Has God ever attempted to come and take for himself a nation from among a nation, with trials, and signs, and wonders, with war, and with a strong hand and an outstretched arm, and with great terrors, as all that the Lord your God has done for you in Egypt, in your very sight?' [*Deut.* 4:34].

'With signs'. This is the rod; as it is said, 'You shall take in your hand this rod, with which you will perform the signs' [*Ex.* 4:17]. *f. 16b*

'And with wonders'. This is the blood; as it is said, 'I shall show wonders in heaven and earth, blood and fire and columns of smoke' [*Joel* 3:3].

Another interpretation: 'With a strong hand' – two; 'with an outstretched arm' – two; 'with great terror' – two; 'with signs' – two; 'with wonders' – two.

These are the ten plagues which the Holy One, blessed be he, brought against the Egyptians in Egypt, namely: *f. 17a*

[1] blood	[2] frogs	[3] lice
[4] wild animals	[5] murrain	[6] boils
[7] hail	[8] locusts	[9] darkness

[10] slaying of the firstborn.

Rabbi Judah used to apply to them a mnemonic: DaTSaK ADaSH BAḤaB.

דצ״ך עד״ש באח״ב. מה בא ר׳ יהודה ללמדינו. וי״ל לולי הסמנים הייתי אומר אין מוקדם ומאוחר שהרי דוד לא מנאן כסדר הזה שהרי בתחלה אמר שלח חשך ואחר שרץ ארצם צפרדעים. ד״א. כסדר הזה היו כתובות במטה והיינו דכתי׳ [ואת] (ו)המטה הזה תקח בידך אשר תעשה בו את האותו׳. מלמד שהיה מביט באותיות של דצ״ך עד״ש באח״ב. ד״א. דצ״ך עד״ש באח״ב. י״א כי דץ׳ בהתראה וכ׳ בלא התראה וכן עד׳ בהתראה וש׳ בלא התראה וכן בא׳ בהתראה וח׳ בלא התראה. ומכאן סמכו שמי שלקה ושנה בשלישי כונסין אותו לכיפה בלא התראה. וראב״ן פי׳ וכו׳ פי׳ אחר לפי שהתנאים חלוקים במניין המכות וסך הכל ת״ק וכן עולה דצ״ך עד״ש באח״ב ואחד יותר כנגד אצבע של מצרים. לכן נתן בהם ר׳ יהודה סמני׳ אלו לומר שכולם אומרי׳ אמת שבכולם הוכו המצריים על הים ת״ק מכות. יש מפרשים טעם הסימנים. דם צפרדע על ידי התראה עד שלא הכהו. כנים בלא התראה. וכן ערוב דבר בהתראה שחין בלא התראה. וכן ברד ארבה בהתראה וחושך בלא התראה. אבל ראב״ן פי׳ כי דצ״ך היו על ידי אהרן במטה עד״ש היו על ידי משה שלא במטה באח״ב על ידי משה במטה ולהכי סימנם ר׳ יהודה כן. וריב״א פיר׳ דלהכי

DaTSaK ADaSH BAḤaB What is the point of Rabbi Judah's remark? The answer is that without this mnemonic one might say there is no exact chronological order, because David did not enumerate them in this order. First of all he said, 'He sent darkness', and then afterwards, 'Their land swarmed with frogs' [*Ps.* 105:28-30]. Another explanation: in this order were they inscribed on the rod; indicated by the verse, 'You shall take in your hand this rod, with which you shall perform the signs [*otot*]' [*Ex.* 4:17]; implying that Moses looked at the letters [*otiot*] DaTSaK ADaSH BAḤaB. Another interpretation of DaTSaK ADaSH BAḤaB is that the first two plagues were inflicted after a warning, and the third without a warning; the next two were inflicted after a warning, and the third without a warning; and similarly the next two after a warning, and the third without. This was adduced to support the view that if a man has been punished for an offence and repeats it, and then does it a third time, he is imprisoned immediately, without any previous warning. Rabbi Eliezer ben Nathan gives another explanation: The Mishnaic rabbis differed on the number of plagues, but all their views together add up to five hundred. And this is the numerical equivalent of DaTSaK ADaSH BAḤaB, with the additional one representing 'the finger of Egypt' [cf. *Ex.* 8:15]. Therefore, Rabbi Judah applied this mnemonic to show that all the rabbis were correct because, taken together, [they state that] the Egyptians were smitten by five hundred plagues at the sea. Some interpret it like this: blood and frogs were preceded by a warning before they were inflicted, and lice was inflicted without a warning; wild animals and murrain after a warning, and boils without a warning; and similarly, hail and locusts after a warning, and darkness without one. But Rabbi Eliezer ben Nathan explains it like this: DaTSaK were inflicted by Aaron with the rod; ADaSH by Moses without the rod; and BAḤaB by Moses with the rod. This is the point of Rabbi Judah's mnemonic. Rabbi Isaac ben Asher interpreted it in this way: *f. 17b*

ר׳ יוֹסִי הַגְּלִילִי אוֹמֵר מִנַּיִן אַתָּה
אוֹמֵר שֶׁלָּקוּ הַמִּצְרִים בְּמִצְרַיִם
עֶשֶׂר מַכּוֹת וְעַל הַיָּם לָקוּ חֲמִשִּׁים
מַכּוֹת.
בְּמִצְרַיִם מָהוּ אוֹמֵר. וַיֹּאמְרוּ
הַחַרְטֻמִּים אֶל פַּרְעֹה אֶצְבַּע
אֱלֹהִים הוּא. וְעַל הַיָּם מָהוּ אוֹמֵ׳.
וַיַּרְא יִשְׂרָאֵל אֶת הַיָּד הַגְּדֹלָה
אֲשֶׁר עָשָׂה יְיָ בְּמִצְרַיִם. וַיִּירְאוּ
הָעָם אֶת יְיָ וַיַּאֲמִינוּ בַּיְיָ וּבְמֹשֶׁה
עַבְדּוֹ.
כַּמָּה לָקוּ בְּאֶצְבַּע. עֶשֶׂר מַכּוֹת.
אֱמוֹר מֵעַתָּה בְּמִצְרַיִם לָקוּ עֶשֶׂר
מַכּוֹת וְעַל הַיָּם לָקוּ חֲמִשִּׁים מַכּוֹת.
ר׳ אֱלִיעֶזֶר אוֹמֵ׳ מִנַּיִן שֶׁכָּל מַכָּה
וּמַכָּה שֶׁהֵבִיא הַקָּבָּ״הֶ עַל
הַמִּצְרִיִּים בְּמִצְרַיִם הָיְתָה שֶׁלְ
אַרְבַּע מַכּוֹת. שֶׁנֶּאֱמַר יְשַׁלַּח בָּם
חֲרוֹן אַפּוֹ עֶבְרָה וָזַעַם וְצָרָ׳
מִשְׁלַחַת מַלְאֲכֵי רָעִים. עֶבְרָה
אַחַת. וָזַעַם שְׁתַּיִם. וְצָרָה שָׁלֹשׁ.
מִשְׁלַחַת מַלְאֲכֵי רָעִים אַרְבַּע.
אֱמוֹר מֵעַתָּה בְּמִצְרַיִם לָקוּ
אַרְבָּעִים מַכּוֹת וְעַל הַיָּם לָקוּ
מָאתַיִם מַכּוֹת.
ר׳ עֲקִיבָה אוֹמֵ׳ מִנַּיִן שֶׁכָּל מַכָּה
וּמַכָּה שֶׁהֵבִיא הַקָּבָּ״הֶ עַל
הַמִּצְרִיִּים בְּמִצְרַיִם הָיְתָה שֶׁלְ־חָמֵשׁ
מַכּוֹת. שֶׁנֶּאֱמַר יְשַׁלַּח בָּם חֲרוֹן
אַפּוֹ עֶבְרָה וָזַעַם וְצָרָה מִשְׁלַחַת
מַלְאֲכֵי רָעִים. אַפּוֹ אַחַת. עֶבְרָה
שְׁתַּיִם. זַעַם שָׁלֹשׁ. וְצָרָה אַרְבַּע.
מִשְׁלַחַת מַלְאֲכֵי רָעִים חָמֵשׁ. אֱמוֹר
מֵעַתָּה בְּמִצְרַיִם לָקוּ חֲמִשִּׁים מַכּוֹת
וְעַל הַיָּם לָקוּ מָאתַיִם וַחֲמִשִּׁים
מַכּוֹת.

Rabbi Jose the Galilean said: 'How can one
deduce that the Egyptians suffered ten plagues *f. 17b*
in Egypt, and fifty plagues by
the sea?
What does Scripture say happened in Egypt? "The
magicians said to Pharaoh: 'This is the finger
of God'" [*Ex.* 8:15]. And what does it say happened at the sea?
"Israel saw the great hand
which the Lord displayed against the Egyptians, and the people
feared the Lord, and believed in the Lord and in his servant,
Moses" [*Ex.* 14:31].
How many [plagues] did they suffer from the finger? Ten. *f. 18a*
Hence we may deduce that if they suffered ten
plagues in Egypt, they must have suffered fifty by the sea.'
Rabbi Eliezer said, 'How can one deduce that every plague
that the Holy One, blessed be he, brought upon
the Egyptians in Egypt really consisted
of four plagues? Because it is said: "He sent against them
the heat of his anger, wrath, fury and trouble,
a mission of evil messengers" [*Ps.* 78:49].
"Wrath" – one; "fury" – two; "trouble" – three;
"a mission of evil messengers" – four.
Hence we may deduce that in Egypt they suffered *f. 18b*
forty plagues, and by the sea they suffered
two hundred plagues.'
Rabbi Akiba said: 'How can one deduce that every plague
that the Holy One, blessed be he, brought upon
the Egyptians in Egypt consisted of five
plagues? Because it is said, "He sent against them the heat of
his anger, wrath, fury and trouble, a mission of
evil messengers." "His anger" – one; "wrath" – two;
"fury" – three; "trouble" – four;
"a mission of evil messengers" – five. Hence we may *f. 19a*
deduce that in Egypt they suffered fifty plagues,
and by the sea they suffered two hundred and fifty
plagues.'

נקט להו הכי שאות שלישי של הסמנים דהיינו
כנים שחין חשך כל אחד היה משמש עם חבירו.
כשהיו כנים אז היו עמו שחין וחשך אלא שהיה
כנים עיקר המכה. וכן כולם. ותדע שכן הוא
שכולם קשורים זה מזה. כשתכתוב זה על זה
כזה* ותקח אותיו׳ ראשונו׳ משלשתן יהיה
חשך ושניות שחן ושלישי[ו]ת כנם. לפיכך סימנם
כך להשמיענו זה החדושים. ורי״ח פי׳ דהא דר׳
יהודה איתא בספרי על מביאי בכורים ואשמעינן
שבזה הסדר קורין מביאי בכורים ולא כאותו סדר
שכתו׳ בתילים. ואני שמעתי כל המחל׳ אשר
בגימטריא דצ״ך עד״ש באח״ב. דם ואש ותמרו׳
עשן דם צפרדע כנים ערוב דבר שחין ברד ארבה
חשך מכ(ו)ת בכורו׳ דצ״ך עד״ש באח״ב. על כל
תיבה נותנין אצב׳ ידם בכוס היין ומטיפין לחוץ.
מנהג אבותינו כן. וכן הנהיג רבינו אליעזר הגדול
וכל בני ביתו. וכן הנהיג רבינו קלונימוס הזקן וכל
משפחתו. וכן היו עושין רבינו אליעזר חזן ורבינו
שמואל הנביא ובנו רבינו אברהם ובנו רבינו
יהודה חסיד אב החכמה וגם אבא מור׳ רבינו
יהודה בר׳ קלונימו׳. ואין להתלוצץ על מנהג
אבותינו הקדושים. כי על כן מטיפין לחוץ י״ו
פעמים כנגד חרבו של הקב״ה שיש לו י״ו פנים
וי״ו פעמים דבר בירמיה לומ׳ לנו לא יזיק. מכאן
סמכו אבותינו וי״ו חיים החיינו אחיה אחיה
בתמניא אפי וי״ו אנשים קורין בשבוע בתורה כנגד
י״ו כבשים המקריבים בשבוע. וזהו עץ חיים הי״א
למחזיקים בה וגו׳. **אצבע אלהים (היא) [הוא].**
כנגד י׳ ספירות בלי מה. והן הן י׳ דברות כתובים
באצבע אלהי׳. וכשהוא אומר אצבע ר״ל כנגד י׳

* חשך
שחן
כנם

the third letter of each group represents respectively
kinnim [lice], *sheḥin* [boils], *ḥoshekh* [darkness], and each of these was active with the other two.
The plague of lice was accompanied by the plagues of boils and darkness, but lice
was the principal one. And so with all the others. You can see this was so,
because they are linked to one another when you write them
thus:* If you take the first letters of the three you read
ḥoshekh; the second letters, *sheḥin*; and the third, *kinnim*. So the mnemonic
demonstrates this novel interpretation. Rabbi Judah Ḥasid said that the point of Rabbi Judah's
mnemonic is read in the *Sifre*, concerning those who brought firstfruits, for it teaches that those
who brought firstfruits would recite them in this order and not in the order in which they are listed
in the Psalms. And I have heard that in the verse: '[I will put on you none of] the diseases which
[*asher*] [I put on the Egyptians]' [*Ex.* 15:26], *asher* equals numerically DaTSaK ADaSH BAḤaB [i.e. 501].
'Blood and fire and pillars of smoke' [*Joel* 3:3], blood, frogs, lice, wild animals, murrain, boils, hail,
locusts, darkness, slaying of the firstborn, DaTSAK ADaSH BaḤaB. At each
word one puts one's finger in the cup of wine and takes out a drop.
This was the custom of our fathers. Such was the practice of Rabbenu Eleazar the Great
and his whole family. Such was the practice of Rabbenu Kalonymus the Elder and all
his family. And this was also practised by Rabbenu Eleazar Ḥazan, and Rabbenu
Samuel the prophet, and his son, Rabbenu Abraham, and his son, Rabbenu
Judah Ḥasid, the father of wisdom, and also by my father and teacher,
Rabbi Judah bar Kalonymus. For one should not scorn the customs
of our holy forebears. And they used to take out a drop sixteen times, which corresponds to
the sword of the Holy One, blessed be he, which has sixteen facets; and to the sixteen occasions on
which *dever* [plague] is mentioned in *Jeremiah*, saying: 'May it not harm us'. On this rested our
fathers' practice. And sixteen times for the number of references to 'life' in the eightfold
[*Ps.* 119]; and the sixteen men who read the Torah each week; and the sixteen lambs offered
as sacrifices each week. This is the significance of: 'It [*hi*] is a tree of life to those who grasp it'
[*Prov.* 3:18] [*hi* has the numerical equivalent of sixteen]. **The finger of God** Equals the ten
sefirot belimah; and these are the ten commandments, 'written by the finger of God' [*Ex.* 31:18].
And when it says 'finger' it means that this corresponds to the ten

*Ḥ	SH	K
SH	Ḥ	N
K	N	M

כַּמָּה מַעֲלוֹת טוֹבוֹת לַמָּקוֹם עָלֵינוּ.
אִלּוּ הוֹצִיאָנוּ מִמִּצְרַיִם
וְלֹא עָשָׂה בָהֶם שְׁפָטִים דַּיֵּינוּ
אִלּוּ עָשָׂה בָהֶם שְׁפָטִים
וְלֹא עָשָׂה בֵאלֹהֵיהֶם דַּיֵּינוּ
אִלּוּ עָשָׂה בֵאלֹהֵיהֶם
וְלֹא הָרַג בְּכוֹרֵיהֶם דַּיֵּינוּ
אִלּוּ הָרַג בְּכוֹרֵיהֶם
וְלֹא נָתַן לָנוּ אֶת מְמוֹנָם דַּיֵּינוּ
אִלּוּ נָתַן לָנוּ אֶת מְמוֹנָם
וְלֹא קָרַע לָנוּ אֶת הַיָּם דַּיֵּינוּ
אִלּוּ קָרַע לָנוּ אֶת הַיָּם
וְלֹא הֶעֱבִירָנוּ בְּתוֹכוֹ בֶּחָרָבָה דַּיֵּינוּ
אִלּוּ הֶעֱבִירָנוּ בְּתוֹכוֹ בֶּחָרָבָה
וְלֹא שִׁקַּע צָרֵינוּ בְּתוֹכוֹ דַּיֵּינוּ
אִלּוּ שִׁקַּע צָרֵינוּ בְּתוֹכוֹ
וְלֹא סִפֵּק צָרְכֵינוּ בַּמִּדְבָּר
אַרְבָּעִים שָׁנָה דַּיֵּינוּ
אִלּוּ סִפֵּק צָרְכֵי׳ בַּמִּדְבָּר
אַרְבָּעִים שָׁנָה
וְלֹא הֶאֱכִילָנוּ אֶת הַמָּן דַּיֵּינוּ
אִלּוּ הֶאֱכִילָנוּ אֶת הַמָּן
וְלֹא נָתַן לָנוּ אֶת הַשַּׁבָּת דַּיֵּינוּ
אִלּוּ נָתַן לָנוּ אֶת הַשַּׁבָּת
וְלֹא קֵרְבָנוּ לִפְנֵי הַר סִינַי דַּיֵּינוּ
אִלּוּ קֵרְבָנוּ לִפְנֵי הַר סִינַי
וְלֹא נָתַן לָנוּ אֶת הַתּוֹרָה דַּיֵּינוּ
אִלּוּ נָתַן לָנוּ אֶת הַתּוֹרָה
וְלֹא הִכְנִיסָנוּ לְאֶרֶץ יִשְׂרָ׳ דַּיֵּינוּ
אִלּוּ הִכְנִיסָנוּ לְאֶרֶץ יִשְׂר׳ וְלֹא
בָּנָה לָנוּ אֶת בֵּית הַבְּחִירָה דַּיֵּינוּ
עַל אַחַת כַּמָּה וְכַמָּה טוֹבָה כְּפוּלָה
וּמְכֻפֶּלֶת לַמָּקוֹם עָלֵינוּ, שֶׁהוֹצִיאָנוּ
מִמִּצְרַיִם, וְעָשָׂה בָהֶם שְׁפָטִים,
וְעָשָׂה בֵאלֹהֵיהֶם, וְהָרַג בְּכוֹרֵיהֶם,
וְנָתַן לָנוּ אֶת מְמוֹנָם, וְקָרַע לָנוּ אֶת

How many reasons for gratitude has God given us!
If he had brought us out of Egypt *f. 19b*
without inflicting punishments on them – it would have sufficed.
If he had inflicted punishments on them
without doing the same to their gods – it would have sufficed.
If he had done the same to their gods
without slaying their firstborn – it would have sufficed.
If he had slain their firstborn
without giving us their wealth – it would have sufficed.
If he had given us their wealth
without dividing the sea for us – it would have sufficed.
If he had divided the sea for us *f. 20a*
without leading us through it on dry land – it would have sufficed.
If he had led us through it on dry land
without drowning our enemies in it – it would have sufficed.
If he had drowned our enemies in it
without supplying our needs for forty
years in the desert – it would have sufficed.
If he had supplied our needs for forty
years in the desert
without feeding us manna – it would have sufficed.
If he had fed us manna *f. 20b*
without giving us the Sabbath – it would have sufficed.
If he had given us the Sabbath
without leading us to Mount Sinai – it would have sufficed.
If he had led us to Mount Sinai
without giving us the Torah – it would have sufficed.
If he had given us the Torah
without bringing us into the land of Israel – it would have sufficed.
If he had brought us into the land of Israel without
building the Temple for us – it would have sufficed.
Doubled and redoubled therefore are our reasons *f. 21a*
to be grateful to God. He brought us out
of Egypt; he inflicted punishments on them;
he did the same to their gods; he slew their firstborn;
he gave us their wealth; he divided the sea

אצבעות שבידי כל אדם. **היד הגדולה**. ה׳ האצבעות ה׳ מכות כענין אשר עשה יי במצרים. פי׳ כעניין אצבע של עשר שעשה במצרים כן עשה אצבע עשר על הים הרי (כ׳) [ה׳] אצבעו׳ הרי חמשים שכל אצבע ר״ל כל אצבעות שביד. **ר׳ אליעזר אומ׳. חרון אפו**. הוא סבור שעברה וזעם וצרה הם היו החרון אף ששלח עם כל מכה ומכה. והמכות היו ד׳ פעמים. הרי מ׳. וכנגד מכה אחת של מצרים היו ה׳ על הים לעניין היד הגדולה. הרי עשר פעמי׳ ארבע לדברי ר׳ אליעזר שאמ׳ ישלח בם חרון אפו. **ר׳ עקיבא** חושב אפו עם עברה וזעם וגו׳ והעמיד דבריו על ה׳ מכות. כי אם לא כן למה אמר אפו כאן שאמ׳ חרון. אלא שכל מכה היתה של ה׳ מכות וה׳ פעמים י׳ הרי נ׳. לעניין היד הגדולה ה׳ פעמי׳ נ׳ הרי [ר״ן]. ועוד היה דורש יותר מתוך הפסוק אלא מתוך אמיתות הסימנים שנתן בהן ר׳ יהודה למניין דצ״ך עד״ש באח״ב בגימ׳ (ר״ן) [תק״א]. ואגב אלו הדרשות אמר ההגדה מכמה מעלות לומ׳ מי יוכל לספר הטובו׳ שעשה לנו הקדוש ברוך הוא. **כפולה ומכופלת**. כי הבטיחנו להוציאנו ממצרים וכפל לומר דן אנכי. ומכופלת לזו ואחרי כן יצאו ברכוש גדול. **אילו עשה באלהיהם**. שלא יאמרו אלוהות הצילו עצמן. ובזה כפל הטובה שעשה בהם ובאלהיהם. וגם באלהיהם כפל שפרעה היה בכור ועשה עצמו אלוה שנאמ׳ (יאורי לי ואני עשיתיהו) [לי יאורי ואני עשיתיני]. **אילו קרע**. גם באות׳ כפל שהראה להם ממונות רבות שכשקרע להם ראו כל מה שבתוכה. גם אותו כפל שהעבירנו בתוכו בחרבה ולקחנו כל הממון

fingers of a man's hand. **The great hand**
Five fingers [indicating] five plagues, as shown by: 'which the Lord displayed against Egypt'; that is, just like the finger that indicates ten, which the Lord displayed against Egypt, so he displayed this finger of ten by the sea; and since there are five fingers [on a hand], so it amounts to fifty [plagues] for each finger, i.e., all the fingers of the hand.
Rabbi Eliezer said . . . the heat of his anger He thought that 'wrath fury and trouble' were 'the heat of his anger' which he sent with each plague, and that the plagues would therefore be multiplied by four, making forty. And for each plague in Egypt there were five by the sea, indicated by 'the great hand'. Hence, the sum of ten times four, according to Rabbi Eliezer, which Scripture states in: 'He sent against them the heat of his anger'. *f. 18a* **Rabbi Akiba** counts 'his anger' together with 'wrath, fury', etc., and so he substantiates his view that each plague consisted of five. *f. 18b* For were it not so, why does Scripture state 'his anger', since it has already stated 'heat'? Therefore, it must mean that each plague consisted of five plagues, and five times ten equals fifty. And as for 'the great hand', five times fifty equals two hundred and fifty. And he would have continued to make further deductions from this verse, but Rabbi Judah's mnemonic, when applied to the plagues – DaTSaK ADaSH BAHaB – correctly yielded five hundred and one. And while recounting these interpretations the *Haggadah* goes on to say: 'How many reasons for gratitude', etc., meaning: who can possibly relate the good things that the Holy One, blessed be he, has done for us?
Doubled and redoubled He promised us that he would bring us out of Egypt. And he doubled this when he said 'I shall judge', and this was redoubled with 'Afterwards they will come out with great possessions' [*Gen.* 15:14]. *f. 21a* **If he had done the same to their gods** To stop [the Egyptians] claiming that their gods had saved themselves, he doubled the goodness [performed for us, by punishing] them and their gods. And on their gods also was it doubled because Pharaoh was a firstborn and he had also made himself into a god, as it is said: 'My river is my own and I have made it for myself' [*Ezek.* 29:3]. **If he had divided** Here too the goodness was doubled, because he revealed to them great treasures. When he divided the sea for them they saw everything that was in it. Here again it was doubled, because when he led us through it on dry land we took all the treasure

הַיָּם, וְהֶעֱבִירָנוּ בְתוֹכוֹ בֶּחָרָבָה,
וְשִׁקַּע צָרֵינוּ בְּתוֹכוֹ, וְסִפֵּק צָרְכֵינוּ
בַּמִּדְבָּר אַרְבָּעִים שָׁנָה, וְהֶאֱכִילָנוּ
אֶת הַמָּן, וְנָתַן לָנוּ אֶת הַשַּׁבָּת,
וְקֵרְבָנוּ לִפְנֵי הַר סִינָי, וְנָתַן לָנוּ אֶת
הַתּוֹרָה, וְהִכְנִיסָנוּ לְאֶרֶץ יִשְׂרָאֵל,
וּבָנָה לָנוּ אֶת בֵּית הַבְּחִירָה לְכַפֵּר
עַל כָּל עֲוֹנוֹתֵינוּ.
רַבָּן גַּמְלִיאֵל הָיָה אוֹמֵ׳ כָּל שֶׁלֹּא
אוֹמֵר שְׁלֹשָׁה דְּבָרִים אִלּוּ בַּפֶּסַח
לֹא יָצָא יְדֵי חוֹבָתוֹ. אֵלּוּ הֵן. פֶּסַח
מַצָּה וּמָרוֹר. פֶּסַח שֶׁהָיוּ אֲבוֹתֵינוּ
אוֹכְלִים בִּזְמַן שֶׁבֵּית הַמִּקְדָּשׁ קַיָּים
עַל שׁוּם מַה. עַל שׁוּם שֶׁפָּסַח
הַמָּקוֹם עַל בָּתֵּי אֲבוֹתֵינוּ בְּמִצְרַיִם.
שֶׁנֶ׳ וַאֲמַרְתֶּם זֶבַח פֶּסַח הוּא לַייָ
אֲשֶׁר פָּסַח עַל בָּתֵּי אֲבוֹתֵינוּ
בְּמִצְרַיִם בְּנָגְפּוֹ אֶת מִצְרַיִם וְאֶת
בָּתֵּינוּ הִצִּיל. וַיִּקֹּד הָעָם וַיִּשְׁתַּחֲווּ.
מַצָּה זוֹ שֶׁאָנוּ אוֹכְלִים עַל שׁוּם
מָה. עַל שׁוּם שֶׁלֹּא הִסְפִּיק בְּצֵקָת
שֶׁלַּ-אֲבוֹתֵינוּ לְהַחֲמִיץ עַד שֶׁנִּגְלָה
עֲלֵיהֶם מֶלֶךְ מַלְכֵי הַמְּלָכִים
הַקָּבָּ״ה וּגְאָלָם. שֶׁנֶּאֱמַר וַיֹּאפוּ אֶת
הַבָּצֵק אֲשֶׁר הוֹצִיאוּ מִמִּצְרַיִם עֻגוֹת
מַצּוֹת כִּי לֹא חָמֵץ. כִּי גֹרְשׁוּ
מִמִּצְרַיִם וְלֹא יָכְלוּ לְהִתְמַהְמֵ֫הַּ וְגַם
צֵדָה לֹא עָשׂוּ לָהֶם.
מָרוֹר זֶה שֶׁאָנוּ אוֹכְלִים עַל שׁוּם
מָה. עַל שׁוּם שֶׁמֵּרְרוּ הַמִּצְרִים אֶת
חַיֵּי אֲבוֹתֵינוּ בְּמִצְרַיִם. שֶׁנֶּאֱמַ׳
וַיְמָרְרוּ אֶת חַיֵּיהֶם בַּעֲבֹדָה קָשָׁה
בְּחוֹמֶר וּבִלְבֵנִים אֶת כָּל עֲבֹדָתָם
אֲשֶׁר עָבְדוּ בָהֶם בְּפָרֶךְ.
בְּכָל דּוֹר וָדוֹר חַיָּיב אָדָם לִרְאוֹת
אֶת עַצְמוֹ כְּאִלּוּ הוּא יָצָא מִמִּצְרַיִם
שֶׁנֶּאֱמַר וְהִגַּדְתָּ לְבִנְךָ בַּיּוֹם הַהוּא
לֵאמֹר בַּעֲבוּר זֶה עָשָׂה יְיָ לִי
בְּצֵאתִי מִמִּצְרָיִם. לֹא אֶת אֲבוֹתֵינוּ
גָּאַל הַקָּבָּ״ה בִּלְבַד אֶלָּא אַף אוֹתָנוּ

for us; he led us through it on dry land;
he drowned our enemies in it; he supplied our needs
in the desert for forty years; he fed us f.21b
manna; he gave us the Sabbath;
he led us to Mount Sinai; he gave us
the Torah; he brought us into the land of Israel;
and he built the Temple for us, so that atonement might
be made for all our sins.
Rabban Gamliel used to say: 'Whoever does not
mention these three things at Passover
has not fulfilled his obligation, namely: the Passover lamb,
unleavened bread and bitter herbs.' Why the Passover lamb
that our fathers used to eat in Temple f.22a
times? We mention it because God passed over
the houses of our fathers in Egypt;
as it is said, 'You shall say: "It is the sacrifice of the Lord's Passover,
in that he passed over the houses of our fathers
in Egypt when he smote the Egyptians, and he saved our
houses." And the people bowed down and prostrated themselves' [*Ex.* 12:27].
Why should we mention this unleavened bread that we f.22b
eat? We mention it because the dough that
our fathers had, did not have time to become leavened
before the supreme King of Kings, the Holy One, blessed be he, revealed
himself to them and redeemed them; as it is said, 'They baked
unleavened cakes from the dough which they had brought out of Egypt,
for it had not become leavened, since they were driven out
of Egypt and could not delay, and they had made no
provisions for themselves' [*Ex.* 12:39].
Why should we mention these bitter herbs that we f.23a
eat? We mention them because the Egyptians made our fathers' lives
bitter in Egypt; as it is said,
'They made their lives bitter with hard labour,
with mortar and bricks; all their labour
which they imposed upon them with rigour' [*Ex.* 1:14].
In every generation a man must regard himself
as if he had come out of Egypt;
as it is said, 'You shall tell your son on that day,
saying: "It is because of that which the Lord did for me
when I came out of Egypt"' [*Ex.* 13:8]. Not only our fathers f.23b
did the Holy One, blessed be he, redeem, but us too

שהראה לנו. גם אותו כפל ששיקע צרינו בתוך
הים בשעה שהעבירנו כדאמר ימינך יי נאדרי.
להעבירנו. והימין האחרת תרעץ אויב. וכן כתי׳
אדיר על העברה כדכתי׳ (וצים אדיר בל
יעברינהו) [וצי אדיר לא יעברנהו]. גם אותו כפל
שכל ממון שלקחנו במצרים לא נצטרכנו
להוציאנו בכל מ׳ שנה במדבר. ועוד כפל שלא
הוצרכו לתקן מאכלות במדבר כי טעמנו במן כל
טעמים. גם אותו כפל שנתן לנו באכלנו המן
שבת שהיא מתנה טובה כדכתי׳ ראו כי יי נתן
לכם (את) השבת. גם אותו כפל שקרבנו לפני הר
סיני. ושמרו בני (את) ישר׳ [את] השבת בתחלה
כדכתי׳ ויחן שם ישראל נגד ההר. חנייה זו
שמירת שבת היתה. גם כפל אותו שנתן לנו את
התורה שבה כתי׳ שמירה וזכירת שבת. לזו היא
מתנה שמור וזכור. וזכרת כי עבד היית. וגם
אותו כפל שבנה לנו בית הבחירה וכו׳ שלא עלה
חוץ למקומינו. שכל זמן שהיתה לישראל כפרת
עונות לא גלו ממקומן. **פסח מצה ומרור** לדברי
ר״ג חובה כדמפר׳ אילו ג׳ דברים על שוב מה
מפני שהם עיקר כדאמ׳ על מצו׳ ומרורים
יאכלוהו. שלשת׳ באין כאחד בזמן שבי׳ המקד׳
קיים שאי אפשר לאכול קדשים בחוץ. **ואמרתם
זבח פסח וגו׳**. שהאמיר׳ חובה לפרש על שום

he had shown us. There was double again in that he drowned our enemies in
the sea when he led us through it, as it is said, 'Your right hand, O Lord, is glorious';
in that it led us through it; and the second mention of the right hand says that it 'destroys the enemy'
[*Ex.* 15:6]. Similarly, 'glorious' is mentioned in connection with 'crossing' in: 'No glorious
ship shall cross it' [*Is.* 33:21]. There was double again
because during the forty years in the desert they had no need to disburse any of the treasure
that they had taken in Egypt. There was double again in that they did not
have to prepare any food in the desert, for the manna had whatever taste
they desired. Here again there was double, because in giving us manna to eat
he also gave us the Sabbath, as it is written, 'See that the Lord has given
you the Sabbath' [*Ex.* 16:29]. This also he doubled because he led us to Mount
Sinai; 'and the children of Israel kept the Sabbath' [*Ex.* 31:16] beforehand,
as it is written, 'Israel encamped there before the mountain' [*Ex.* 19:2]. This encamping was the observance
of the Sabbath. This also he doubled because he gave us the Torah in which are written both the
observance and the remembering of the Sabbath. So here we have the gifts of 'Observe' and
'Remember' [*Deut.* 5:12 and *Ex.* 20:8] 'You shall remember that you were a slave' [*Deut.* 5:15].
This also he doubled in that he built for us the Temple, etc., for he did not go up beyond our borders.
For as long as Israel could atone for their sins [in the Temple] they were not exiled from their place.
The Passover lamb, unleavened bread, bitter herbs One must mention these three according to f.21b
Rabban Gamliel, since we ask the significance of each of these, for
they are basic; as it is written, 'With unleavened bread and bitter herbs
shall you eat it' [*Num.* 9:11]. These three were taken together when the Temple stood, for one may not
eat sacred things outside [the Temple]. **You shall say: 'It is the sacrifice of the Lord's Passover', etc.** f.22a
This 'saying' is obligatory and explains why we mention [the Passover lamb]. And the 'saying'

גָּאַל עִמָּהֶם שֶׁנֶּאֱמַר וְאוֹתָנוּ הוֹצִיא
מִשָּׁם לְמַעַן הָבִיא אֹתָנוּ לָתֶת לָנוּ
אֶת הָאָרֶץ אֲשֶׁר נִשְׁבַּע לַאֲבֹתֵינוּ.
לְפִיכָךְ אֲנַחְנוּ חַיָּבִים לְהוֹדוֹת
לְהַלֵּל לְשַׁבֵּחַ לְפָאֵר לְרוֹמֵם לְהַדֵּר
לְבָרֵךְ לְעַלֵּה וּלְקַלֵּס. לְמִי שֶׁעָשָׂה
לַאֲבוֹתֵינוּ וְלָנוּ אֶת כָּל הַנִּסִּים
הָאֵלּוּ. הוֹצִיאָנוּ מֵעַבְדוּת לְחֵרוּת
מִיָּגוֹן לְשִׂמְחָה וּמֵאֵבֶל לְיוֹם טוֹב
וּמֵאֲפֵלָה לְאוֹר גָּדוֹל וּמִשִּׁעְבּוּד
לִגְאֻלָּה וְנֹאמַר לְפָנָיו הַלְלוּ יָהּ.
בָּרוּךְ אַתָּה יְיָ אֱלֹהֵינוּ מֶלֶךְ הָעוֹלָם אֲשֶׁר קִדְּשָׁנוּ
בְּמִצְוֹתָיו וְצִוָּנוּ לִקְרֹא אֶת הַלֵּל.
הַלְלוּ יָהּ. הַלְלוּ עַבְדֵי יְיָ, הַלְלוּ אֶת
שֵׁם יְיָ. יְהִי שֵׁם יְיָ מְבֹרָךְ, מֵעַתָּה
וְעַד עוֹלָם. מִמִּזְרַח שֶׁמֶשׁ עַד
מְבוֹאוֹ, מְהֻלָּל שֵׁם יְיָ. רָם עַל כָּל
גּוֹיִם יְיָ, עַל הַשָּׁמַיִם כְּבוֹדוֹ. מִי כַּיְיָ
אֱלֹהֵינוּ, הַמַּגְבִּיהִי לָשָׁבֶת.
הַמַּשְׁפִּילִי לִרְאוֹת, בַּשָּׁמַיִם וּבָאָרֶץ.
מְקִימִי מֵעָפָר דָּל, מֵאַשְׁפּוֹת יָרִים
אֶבְיוֹן. לְהוֹשִׁיבִי עִם נְדִיבִים, עִם
נְדִיבֵי עַמּוֹ. מוֹשִׁיבִי עֲקֶרֶת הַבַּיִת,
אֵם הַבָּנִים שְׂמֵחָה הַלְלוּ יָהּ.
בְּצֵאת יִשְׂרָאֵל מִמִּצְרָיִם, בֵּית
יַעֲקֹב מֵעַם לֹעֵז. הָיְתָה יְהוּדָה
לְקָדְשׁוֹ, יִשְׂרָאֵל מַמְשְׁלוֹתָיו. הַיָּם
רָאָה וַיָּנֹס, הַיַּרְדֵּן יִסֹּב לְאָחוֹר.
הֶהָרִים רָקְדוּ כְאֵילִים, גְּבָעוֹת כִּבְנֵי
צֹאן. מַה לְּךָ הַיָּם כִּי תָנוּס,
הַיַּרְדֵּן תִּסֹּב לְאָחוֹר. הֶהָרִים
תִּרְקְדוּ כְאֵילִים, גְּבָעוֹת כִּבְנֵי צֹאן.
מִלִּפְנֵי אָדוֹן חוּלִי אָרֶץ, מִלִּפְנֵי
אֱלוֹהַּ יַעֲקֹב. הַהֹפְכִי הַצּוּר אֲגַם
מָיִם, חַלָּמִישׁ לְמַעְיְנוֹ מָיִם.
בָּרוּךְ אַתָּה יְיָ אֱלֹהֵינוּ מֶלֶךְ
הָעוֹלָם אֲשֶׁר גְּאָלָנוּ וְגָאַל אֶת
אֲבוֹתֵינוּ מִמִּצְרַיִם. הִגִּיעָנוּ הַלַּיְלָ׳
הַזֶּה לֶאֱכָל בּוֹ מַצָּה וּמָרוֹר. כֵּן יְיָ
אֱלֹהֵינוּ וֵאלֹהֵי אֲבוֹתֵינוּ יַגִּיעֵנוּ

did he redeem with them; as it is said, 'He brought us out
from there in order to bring us into, and give us,
the land which he promised to our fathers' [*Deut.* 6:23].
Therefore it is our duty to thank,
praise, extol, glorify, exalt, magnify, *f.24a*
bless, celebrate and acclaim him who performed
all these miracles for our fathers and for
us. He brought us out from slavery to freedom,
from sorrow to joy, from mourning to festivity,
from darkness to great light and from servitude
to redemption. Let us say in his presence: 'Praise the Lord'.
Blessed are you, O Lord, our God, king of the universe, who sanctified us by your commandments and
commanded us to recite the Psalms of Praise cycle.
[Psalm 113] **Praise** the Lord. Praise, O servants of the Lord, *f.24b*
praise the name of the Lord. Let the name of the Lord be blessed from now
and for ever. From the rising of the sun until
its setting, the name of the Lord shall be praised. The Lord is exalted
above all the nations; his glory is in the heavens. Who is like the Lord,
our God, who is seated on high;
who looks down low upon heaven and earth?
He raises the poor out of the dust; he brings the needy up from
the mire; to seat him with the princes, with
the princes of his people. He turns the barren woman of the house
into a happy mother of children. Praise the Lord.
[Psalm 114] **When** Israel went out of Egypt, the House of *f.25a*
Jacob from a strange-tongued people; Judah was
his sanctuary, Israel his dominion. The sea
looked and fled, the Jordan turned back.
The mountains danced like rams, the hills like young
sheep. What prompts you, O sea, to flee;
O Jordan, to turn back? O mountains,
to dance like rams; O hills, like young sheep?
Tremble, O earth, before the Lord; before *f.25b*
the God of Jacob, who turns the rock into a pool
of water; hard stone into a fountain of water.
Blessed are you, O Lord, our God, king
of the universe, who redeemed us, and redeemed
our fathers, from Egypt, and brought us this night
to eat unleavened bread and bitter herbs. So may you
bring us, O Lord, our God, and God of our fathers,

מה. ואמיר׳ של פסח שפסח על בתי אבותי׳
במצרים כמו עד מתי אתם פוסחים וגו׳. כשהיה
משחית המשחית בתי מצרים ומוצא בית יהודי
באמצע פוסחי׳ ומדלגי׳ כדאמ׳ גנון והצל פסוח
והמליט. ואותו מדבר בסנחריב כדאמר ויך
במחנה. גנון והציל ירושלם מאותו המכה שהכה
המלאך מחניהו של סנחריב שחנו סביבות
ירושלם והמכה פוסחת ועוברת על ירושלם
ושבה ומכה מחנות סנחריב שבצד אחר. שלשון
פוסח אינו נופל אלא על דבר שפיסח ומניח (ביני
וביני) [בינו ובינו] דבר אחר שאינו עושה כמו
האחר. **לא את אבותינו גאל הקב״ה בלבד וכו׳.**
כלומ׳ הרי עצמינו בכלל כל הניסי׳. אם לא יצאו
אבותינו עדיין היינו שם. **מי כיי אלהינו** בשמים
ובארץ שיה׳ מגביהי לשבת משפילי לראות.
מגביהי משפילי מקימי להושיבי מושיבי כולם
יו״ד יתירה בהם. **לועז.** עם מלשו׳ אחר שאין
לשון הקוד׳ כמו עם נועז לא תראה (שפה)
[שלמד] ונון מתחלפות במוצא הלשון כמו נשכה
לשכה בספ׳ עזרא. **היתה יהודה לקדשו.** כדאמ׳
שקפץ נחשון שהיה נשיא יהודה לתוך הים ואמ׳
אני ארד תחלה. **הירדן יסוב לאחור.** שכל מימי
בראשית נבקעו. **חולי ארץ.** כמו חולל המחולל
יו״ד יתירה בו.

concerning the Passover lamb is: 'He passed over the houses of our fathers
in Egypt', similar to: 'How long will you pass over [from one opinion to the other?]' [*I Kings* 18:21].
When the destroyer was destroying the houses in Egypt and came across a Jewish house
in the middle he passed and jumped over it; as it is said, 'He will shield and save it, and rescue it
as he passes over' [*Is.* 31:5]. This refers to Sennacherib, as it is said, 'And [the angel of the Lord] struck
in the camp [of the Assyrians]' [*II Kings* 19:35]. He shielded and saved Jerusalem from the stroke with
which the angel struck the camp of Sennacherib who were encamped around Jerusalem. The stroke passed
over to the other side of Jerusalem and struck Sennacherib's camps
that were on that side. For the word *poseaḥ* [passing over]
applies to something that passes over and leaves out something between its
first and second positions, and does not do to it what it does elsewhere.
Not only our fathers did the Holy One, blessed be he, redeem, etc. This means that *f.23b*
we ourselves are included in all these miracles. If our fathers had not
escaped we would still be there. **Who is like the Lord, our God,** in heaven *f.24b*
and earth, who is seated on high, and looks down below?
In the words *magbihi, mashpili, mekimi, le-hoshivi,* the last letter
yod is superfluous. **Strange-tongued [*lo'ez*]** A people of another language that is not *f.25a*
the holy tongue. Similarly, 'You shall not see a strange-tongue [*no'az*] people' [*Is.* 33:19],
because the letters *lamed* and *nun* interchange when pronounced, as in *nishkah*
and *lishkah* [room] in *Ezra* [*Neh.* 13:5 and 7]. **Judah was his sanctuary** [*Midrash*] says
that Naḥshon, a prince of Judah, jumped into the sea, saying:
'I shall go down first'. **The Jordan turned back** The very waters of
Creation split. **Tremble [*ḥuli*], O earth** As if it were *ḥolel, ha-meḥolel.* *f.25b*
The letter *yod* is superfluous.

לְמוֹעֲדִים וְלִרְגָלִים אֲחֵרִים
הַבָּאִים לִקְרָאתֵנוּ לְשָׁלוֹם.
שְׂמֵחִים בְּבִנְיַן עִירְךָ וְשָׂשִׂים
בַּעֲבוֹדָתָךְ וְנֹאכַל שָׁם מִן הַזְּבָחִים
וּמִן הַפְּסָחִים אֲשֶׁר יַגִּיעַ דָּמָם עַל
קִיר מִזְבַּחֲךָ לְרָצוֹן. וְנוֹדֶה לְךָ שִׁיר
חָדָשׁ עַל גְּאֻלָּתֵינוּ וְעַל פְּדוּת
נַפְשֵׁינוּ. בָּרוּ׳ אַתָּה יְיָ גָּאַל יִשְׂרָאֵל.
בָּרוּךְ אַתָּה יְיָ אֱלֹהֵינוּ מֶלֶךְ
הָעוֹלָם בּוֹרֵא פְּרִי הַגֶּפֶן. אָמֵן.
וְיִשְׁתּוּ כֻּלָּם בְּהַסִּיבַּת שְׂמֹאל. וְיִרְחֲצוּ כּוּלָּם
יְדֵיהֶם וִיבָרְכוּ עַל נְטִילַת יָדַיִם שֶׁנְּטִילָה זוֹ חוֹבָה
שֶׁהִיא סְמוּכָה לַאֲכִילָה. וְיִקַּח הַמַּצָּה הָרִאשׁוֹנָה
וִיבָרֵךְ עָלֶיהָ בִּרְכַּת הַמּוֹצִיא.
בָּרוּךְ אַתָּה יְיָ אֱלֹהֵינוּ מֶלֶךְ
הָעוֹלָם הַמּוֹצִיא לֶחֶם מִן הָאָרֶץ.
וְלֹא יֹאכַל עֲדַיִין עַד שֶׁיִּקַּח הַבְּצוּעָה וִיבָרֵךְ עָלֶיהָ
בָּרוּךְ אַתָּה יְיָ אֱלֹהֵינוּ מֶלֶךְ
הָעוֹלָם אֲשֶׁר קִדְּשָׁנוּ בְּמִצְוֹתָיו
וְצִוָּנוּ עַל אֲכִילַת מַצָּה.
וְיֹאכַל מִשְׁתֵּיהֶן בְּיַחַד וְיַחֲלוֹק לְכָל הַמְסוּבִּין
וְיֹאכְלוּ בְּהַסִּיבַּת שְׂמֹאל. וְאַחַר יִקַּח הַמָּרוֹר
וִיבָרֵךְ עָלֶיהָ
בָּרוּךְ אַתָּה יְיָ אֱלֹהֵינוּ מֶלֶךְ
הָעוֹלָם אֲשֶׁר קִדְּשָׁנוּ בְּמִצְוֹתָיו
וְצִוָּנוּ עַל אֲכִילַת מָרוֹר.
וְיִטְבּוֹל בַּחֲרוֹסֶת וְיֹאכַל בְּלֹא הֲסִיבָּה. וְיַחֲלוֹק
לְכָל בְּנֵי הַשֻּׁלְחָן. וְאַחַר יִקַּח מִן הַמָּרוֹר וּמִן
הַמַּצָּה הַשְּׁלִישִׁית וְיַעֲשֶׂה כְּרִיכָה וְיֹאכַל בְּלֹא
בְרָכָה וְיֹאמַר זֵכֶר לְמִקְדָּשׁ כְּהִלֵּל. וְיֹאכְלוּ בְּיַחַד
הַמַּצָּה וְהַמָּרוֹר בְּלֹא טִיבּוּל. וְיֵשׁ בְּנֵי אָדָם
שֶׁעוֹשִׂין טִיבּוּל בַּחֲרוֹסֶת. וְגַם יֵשׁ גְּדוֹלִים
שֶׁמַּנִּיחִין הַמַּצָּה הַשְּׁלִישִׁית שְׁלֵימָה עַד לְמָחֳרַת
לִקְבּוֹעַ עָלֶיהָ בִּרְכַּת הַמּוֹצִיא וְעוֹשִׂין כְּרִיכָה מִן
הַבְּצוּעוֹת וְיֹאכְלוּ סְעוּדָתָן. וְאַחַר גְּמַר הַסְּעוּדָה
יוֹצִיא הָאֲפִיקוֹמָן וַיְחַלֵּק לְכָל בְּנֵי הַשּׁוּלְחָן כַּזַּיִת
וְיֹאכְלוּ וְיִרְחֲצוּ יְדֵיהֶם בְּלֹא בְרָכָה. וְיִמְזוֹג כּוֹס
שְׁלִישִׁי לְבִרְכַּת הַמָּזוֹן וְיִקַּח הַבַּעַל הַבַּיִת הַכּוֹס
וִיבָרֵךְ. ויאמר
בִּרְשׁוּת רַבּוֹתַי
נְבָרֵךְ הוּא שֶׁאָכַלְנוּ מִשֶּׁלּוֹ. בָּרוּךְ
הוּא שֶׁאָכַלְנוּ מִשֶּׁלּוֹ.
בָּרוּךְ הוּא. בָּרוּךְ שְׁמוֹ.
בָּרוּךְ אַתָּה יְיָ אֱלֹהֵינוּ מֶלֶךְ
הָעוֹלָם הַזָּן אֶת הָעוֹלָם כֻּלּוֹ בְּטוּב
בְּחֵן בְּחֶסֶד וּבְרַחֲמִים נוֹתֵן לחם
לְכָל בָּשָׂר כִּי לְעוֹלָם חַסְדּוֹ עִמָּנוּ.
וּבְטוּבוֹ הַגָּדוֹל תָּמִיד לֹא חִסַּר לָנוּ
וְאַל יֶחְסַר לָנוּ מָזוֹן לְעוֹלָם וָעֶד
בַּעֲבוּר שְׁמוֹ הַגָּדוֹל. כִּי הוּא זָן
וּמְפַרְנֵס לַכֹּל וּמֵטִיב לַכֹּל וּמֵכִין
מָזוֹן לְכָל אֲשֶׁר בָּרָא. בָּרוּךְ אַתָּ׳
יְיָ הַזָּן אֶת הַכֹּל. אָמֵן.
נוֹדֶה לְךָ יְיָ אֱלֹהֵינוּ עַל שֶׁהִנְחַלְתָּ

to other festivals and holy days.
May they come in peace to us, *f.26a*
and may we delight in the rebuilding of your city, and rejoice
in your service. May we eat there of the sacrifices
and Passover offerings, whose blood will reach the sides of
your altar, acceptable to you. Then we shall thank you with a new
song for redeeming us, and for delivering
our souls. Blessed are you, who redeem Israel.
Blessed are you, O Lord, our God, king
of the universe, who create the fruit of the vine. Amen.
All drink while leaning to the left. All wash *f.26b*
their hands and say the benediction on handwashing; this washing being obligatory,
since it precedes eating. The celebrant takes the first *matsah*
and says the benediction for the meal over it:
Blessed are you, O Lord, our God, king
of the universe, who brings bread out of the earth.
He does not eat until he takes the broken *matsah* and says the benediction over it:
Blessed are you, O Lord, our God, king
of the universe, who sanctified us by your commandments,
and commanded us concerning the eating of unleavened bread.
He eats from both together and distributes pieces of them to all at table,
and they eat while leaning to the left. He then takes the bitter herbs
and says the blessing over it:
Blessed are you, O Lord, our God, king
of the universe, who sanctified us by your commandments,
and commanded us to eat bitter herbs.
He dips it in the sweet paste and eats it without leaning. He then distributes
it to all at table. After this he takes some bitter herbs and some of
the third *matsah,* and makes a sandwich and eats it without *f.27a*
a benediction, and says, 'In memory of the Temple, like Hillel'. They eat the
matsah and the bitter herbs together without dipping. Some people
do dip it in sweet paste. There are also some distinguished rabbis
who leave the third *matsah* whole until the next day,
in order to say the benediction over the meal with it, and make the sandwich from
the pieces already broken. The meal is then eaten. When the meal is over,
one takes out the *afikomen* and distributes at least an olive-size to all at table.
They eat it, and wash their hands without a benediction. A third cup is
filled for the grace after meals, and the celebrant takes the cup,
and recites the benediction, saying:
With your permission, my masters,
let us bless him, of whose bounty we have eaten. Blessed
is he, of whose bounty we have eaten.
Blessed is he. Blessed is his name. *f.27b*
Blessed are you, O Lord, our God, king
of the universe, who feeds the whole world in goodness,
grace, love and mercy, giving bread
to all flesh; for his love towards us is endless.
And in his great goodness he has never caused us to want,
nor will he cause us to want food for ever,
because of his great name. For he feeds
and sustains all, does good to all, and prepares
food for all his creatures. Blessed are you,
O Lord, who feed all. Amen.
We give thanks to you, O Lord, our God, because you have

בוצע שלימה ראשונה ויאמ׳ המוציא ואינו אוכל.
ואחר בוצע הפרוסה כדאמר ר׳ פפא הכל מודים
בעניין הפסח שמניח פרוסה בתוך שלימ׳ ובוצע.
מה טעם דכתי׳ לחם עוני מה דרכו וכו׳. ומברך
על אכילת מרור ומטבל בחרוסת ואוכל דהכי
נהיג רבנא משה ריש מתיבתא. ולעולם המוציא
קודם כי צריך לברך הקב״ה שהוציא הלחם ואחר
כך נברך על המצוה. ואינו אוכל אחר המוציא
עד אחר אכילת מצה דלא לימא מילא כריסא
ואח״כ בירך אלא מברך המוציא בשלימה. וע״א
מברך בפרוסה וטובל בחרוסת ואוכל והכי נהיגינן

He breaks the first whole [matsah] and says the benediction over the meal but does not eat; *f.26b*
and then he breaks a piece of the broken [matsah]. As Rab Pappa said: All agree
that on Passover the broken *matsah* goes between the whole ones, and one breaks it [and says
the benediction]. Why? It is written: 'the bread of poverty' [*Berakhot* 39b], and a poor man [eats pieces].
Then he says the blessing over eating bitter herbs, dips them in sweet paste, and eats.
Such was the custom of our teacher Moses, head of the academy. The blessing over the meal always precedes,
because we must bless the Holy One, blessed be he, who produces bread, before saying the blessing on
fulfilling the precept [of eating *matsah*]. We do not eat after the blessing over the meal,
until we have said 'concerning the eating of unleavened bread', lest it be said we fill our bellies
first and then say the blessing. But we say the blessing over a whole *matsah*. Others
say the blessing over the broken *matsah*, dip it in sweet paste and then eat it. This was our custom

לַאֲבוֹתֵינוּ אֶרֶץ חֶמְדָּה טוֹבָה
וּרְחָבָה בְּרִית וְתוֹרַת חַיִּים וּמָזוֹן.
וְעַל שֶׁהוֹצֵאתָנוּ יְיָ אֱלֹהֵינוּ מֵאֶרֶץ
מִצְרַיִם. וּפְדִיתָנוּ מַלְכֵּנוּ מִבֵּית
עֲבָדִים. וְעַל בְּרִיתְךָ שֶׁחָתַמְתָּ
בִּבְשָׂרֵנוּ. וְעַל תּוֹרָתְךָ שֶׁלִּמַּדְתָּנוּ.
וְעַל חֻקֵּי רְצוֹנָךְ שֶׁהוֹדַעְתָּנוּ. וְעַל
חַיִּים חֵן וָחֶסֶד וּמָזוֹן שָׁאַתָּה חוֹנֵן
וּמְזַמֵּן לָנוּ תָּמִיד בְּכָל יוֹם וּבְכָל
עֵת וּבְכָל שָׁעָה.

וְעַל הַכֹּל יְיָ אֱלֹהֵינוּ אֲנוּ מוֹדִי׳ לָךְ
וּמְבָרְכִים אוֹתָךְ יִתְבָּרַךְ שִׁמְךָ בְּפִי
כָּל חַי תָּמִיד לְעוֹלָם וָעֶד כַּכָּתוּב
וְאָכַלְתָּ וְשָׂבָעְתָּ וּבֵרַכְתָּ אֶת יְיָ
אֱלֹהֶיךָ עַל הָאָרֶץ הַטּוֹבָה אֲשֶׁר
נָתַן לָךְ. בָּרוּךְ אַתָּה יְיָ עַל הָאָרֶץ
וְעַל הַמָּזוֹן. אָמֵן.

רַחֵם יְיָ אֱלֹהֵינוּ עָלֵינוּ עַל יִשְׂרָאֵל
עַמְּךָ וְעַל יְרוּשָׁלַיִם עִירְךָ וְעַל צִיּוֹן
מִשְׁכַּן כְּבוֹדְךָ וְעַל מַלְכוּת בֵּית דָּוִד
מְשִׁיחַךְ וְעַל הַבַּיִת הַגָּדוֹל וְהַקָּדוֹשׁ
שֶׁנִּקְרָא שִׁמְךָ עָלָיו. אֱלֹהֵינוּ אָבִינוּ
רְעֵינוּ זָנֵנוּ פַּרְנְסֵינוּ וְכַלְכְּלֵנוּ
וְהַרְוִיחֵנוּ וְהַרְוַח לָנוּ יְיָ אֱלֹהֵינוּ
מְהֵרָה מִכָּל צָרוֹתֵינוּ. וְנָא אַל
תַּצְרִיכֵנוּ יְיָ אֱלֹהֵינוּ לֹא לִידֵי
מַתְּנוֹת בָּשָׂר וָדָם וְלֹא לִידֵי
הַלְוָאָתָם אֶלָּא לְיָדְךָ וְלֹא נֵבוֹשׁ
לְעוֹלָם וָעֶד.

רְצֵה וְהַחֲלִיצֵנוּ יְיָ אֱלֹהֵינוּ
בְּמִצְוֹתֶיךָ. וּבְמִצְוַת יוֹם הַשְּׁבִיעִי
הַשַּׁבָּת הַגָּדוֹל וְהַקָּדוֹשׁ הַזֶּה. כִּי
הוּא יוֹם זֶה גָּדוֹל וְקָדוֹשׁ הוּא
לְפָנֶיךָ לִשְׁבּוֹת בּוֹ וְלָנוּחַ בּוֹ
בְּאַהֲבָה כְּמִצְוַת רְצוֹנְךָ. בִּרְצוֹנְךָ
הָנִיחַ לָנוּ יְיָ אֱלֹהֵינוּ שֶׁלֹּא תְהֵא
צָרָה יָגוֹן וַאֲנָחָה בְּיוֹם מְנוּחָתֵנוּ
וְהַרְאֵנוּ יְיָ אֱלֹהֵינוּ בְּנֶחָמוֹת צִיּוֹן
עִירְךָ וּבְבִנְיַן יְרוּשָׁלַיִם עִיר קָדְשָׁךְ
כִּי אַתָּה הוּא בַּעַל הַיְשׁוּעוֹ׳ וּבַעַל
הַנֶּחָמוֹת. וְתִבְנֶה וכו׳.

אֱלֹהֵינוּ וֵאלֹהֵי אֲבוֹתֵינוּ יַעֲלֶה
וְיָבֹא יַגִּיעַ יֵרָאֶה וְיֵרָצֶ׳ וְיִשָּׁמַע
וְיִפָּקֵד וְיִזָּכֵר. זִכְרוֹנֵנוּ וּפִקְדוֹנֵנוּ וְזִכְרוֹן
אֲבוֹתֵינוּ וְזִכְרוֹן מָשִׁיחַ בֶּן דָּוִד
עַבְדְּךָ. וְזִכְרוֹן יְרוּשָׁלַיִם עִיר קָדְשְׁךָ.
וְזִכְרוֹן כָּל עַמְּךָ בֵּית יִשְׂרָאֵל לְפָנֶי׳
לִפְלֵיטָה לְטוֹבָה לְחֵן לְחֶסֶד
לְרַחֲמִים לְחַיִּים וּלְשָׁלוֹם אֶת יוֹם

enabled our fathers to possess a pleasant, good and
spacious land, a covenant and a law of life, and food;
and because you have brought us, O Lord, our God, out of the land
of Egypt, and redeemed us, O our king, from the house
of bondage; and [we thank you] for your covenant which you have sealed
in our flesh, and for your Torah which you have taught us,
for the statutes of your desire which you have shown us, and for *f. 28a*
life, grace, love and food which you prepare
and bestow upon us continually every day, every
moment, and at all times.

For everything, O Lord, our God, we thank you,
and bless you – may your name be blessed in the mouth
of every living creature continually for ever – as it is written,
'You shall eat and be satisfied and bless the Lord,
your God, for the good land which
he has given you' [*Deut.* 8:10]. Blessed are you, O Lord, for the land
and for the food. Amen.

Have mercy, O Lord, our God, on us, on Israel
your people, on Jerusalem your city, on Zion
the abode of your glory, on the kingdom of the House of David
your anointed, and on the great and holy house
which is called by your name. Our God, our father,
pasture us, feed us, sustain us, support us,
comfort us and give us respite, O Lord, our God, *f. 28b*
speedily from all our troubles. Do not
make us dependent, O Lord, our God, on the
gifts of flesh and blood, nor on their
loans, but only on your hand, and let us never
be ashamed.

[*For the Sabbath*] **Show favour** and deliver us, O Lord, our God, *f. 28b/29a left*
with your commandments, and with the commandments of the seventh day,
this great and holy Sabbath, for
this day is great and holy in your presence,
on which we cease our labour and rest in love, according to the
commandment which you were pleased to give us. May it be your
pleasure to give us rest, O Lord, our God, so that there should be no
sorrow, distress or grief on our rest day.
And show us, O Lord, our God, the consolations of Zion,
your city, and the building of Jerusalem, your holy city,
for you are the master of salvation and the master
of consolation. And build . . .

Our God, and God of our fathers, may there ascend, *f. 28b/29a right*
come, approach, be seen, accepted, heard,
accounted and remembered, the remembrance and the account of us, the remembrance
of our fathers, the remembrance of the Messiah, son of David
your servant, the remembrance of Jerusalem your holy city,
and the remembrance of your whole people the House of Israel, in your
presence; for deliverance, goodness, grace, love,
mercy, life and peace, on this

במתיבתא. ואינ׳ צריכה הסיבה. גם בטיבול של חזרת לא צריך הסיבה. ותנן כי באילו יוצא אדם ידי חובתו. בשום במרור בחזרת בעולשי בחרחבינא וחסא נכון מכולם דחס רחמנא עלן.
מאי אפיקומן. רב אמר [שלא] יעקרו מחבורה לחבורה. ושמואל אמ׳ כגון ארדליא וגוזליא. ר׳ יוחנן אמר כגון קליות ואגוזים.
ולמים אחרונים אין מברך וללחם צריך לברך דכתי׳ וכל אשר יגע בו הזב וידו לא שטף במים. וא״ר אלעזר מכאן סמכו חכמי׳ לנטילת ידים מן התורה. לפיכך חייב אדם לברך.

in the academy. And leaning is not necessary. Leaning is not necessary either when one dips the lettuce [i.e. bitter herbs]. The *Mishnah* teaches [*Pesaḥim* 2:6]: By these [herbs] is the obligation fulfilled [of eating bitter herbs]: garlic, horseradish, lettuce, endive and dandelion. Best of all is *ḥassa* [a lettuce] because the Merciful one is merciful [*ḥas*] towards us [*Pesaḥim* 39a].
What is *afikomen?* Rab said: It means [they should not] go from one group to another. And Samuel said: For example, mushrooms and pigeons. Rabbi Johanan said: For example, dried ears of corn and nuts [cf. *Pesaḥim* 119b]. *f. 27a*
Washing the hands after the meal is not preceded by a benediction, unlike before one, since it is written: 'Whoever is touched by a man that has a discharge without washing his hands . . . is unclean until evening]' [*Lev.* 15:11]. Rabbi Eleazar said: For the sages this supported the view that hand-washing is required by Scripture. Therefore, one must recite a benediction.

חַג הַמַּצּוֹת הַזֶּה. זָכְרֵנוּ יְיָ אֱלֹהֵינוּ
בּוֹ לְטוֹבָה. וּפָקְדֵנוּ בוֹ לִבְרָכָה.
וְהוֹשִׁיעֵנוּ בוֹ לְחַיִּים. בִּדְבַר יְשׁוּעָה
וְרַחֲמִי׳ חוּס וְחָנֵּנוּ וְרַחֵם עָלֵינוּ
וְהוֹשִׁיעֵנוּ כִּי אֵלֶיךָ עֵינֵינוּ כִּי מֶלֶךְ
חַנּוּן וְרַחוּם אָתָּ׳.
וְתִבְנֶה יְרוּשָׁלַיִם עִיר הַקֹּדֶשׁ בִּמְהֵרָ׳
בְּיָמֵינוּ. בָּרוּךְ אַתָּה יְיָ מְנַחֵם צִיּוֹן
עִירוֹ בְּבִנְיַן יְרוּשָׁלָיִם. אָמֵן.
בָּרוּךְ אַתָּה יְיָ אֱלֹהֵינוּ מֶלֶךְ
הָעוֹלָם. תִּתְבָּרַךְ חַי לָעַד וְקַיָּים
לָנֶצַח. הָאֵל אָבִינוּ מַלְכֵּנוּ אַדִּירֵנוּ
גֹּאֲלֵנוּ יוֹצְרֵנוּ קְדוֹשֵׁנוּ קְדוֹשׁ יַעֲקֹב
רֹעֵנוּ רֹעֵה יִשְׂרָאֵל הַמֶּלֶךְ הַטּוֹב
וְהַמֵּטִיב לַכֹּל. אֵל ש בְּכָל יוֹם וָיוֹם
הוּא הֵטִיב מֵטִיב יֵטִיב לָנוּ. הוּא
גְּמָלָנוּ הוּא גּוֹמְלֵנוּ הוּא יִגְמוֹל
בַּעֲדֵנוּ לָעַד לְחֵן לְחֶסֶד לְרַחֲמִים
לְרֶוַח וְהַצָּלָה וְהַצְלָחָה בְּרָכָה
וִישׁוּעָה פַּרְנָסָה וְכַלְכָּלָה וְרַחֲמִים
וְחַיִּים וְשָׁלוֹם וְכָל טוֹב.
הָרַחֲמָן הוּא יִמְלֹךְ עָלֵינוּ לְעוֹלָם
וָעֶד. הָרַחֲמָן הוּא יִתְבָּרַךְ בַּשָּׁמַיִם
וּבָאָרֶץ. הָרַחֲמָן הוּא יִשְׁתַּבַּח לְדוֹר
דּוֹרִים. הָרַחֲמָן הוּ׳ יִתְפָּאַר בָּנוּ
לְנֶצַח נְצָחִים. הָרַחֲמָ׳ הוּא יִתְהַדַּר
בָּנוּ לָעַד וּלְעוֹלְמֵי עוֹלָמִים. הָרַחֲמָן
הוּא יְפַרְנְסֵנוּ בְּכָבוֹד. הָרַחֲמָן הוּא
יִשְׁבּוֹר עוֹל גּוֹיִם מֵעַל צַוָּארֵינוּ.
הוּא יוֹלִיכֵנוּ קוֹמְמִיּוּת לְאַרְצֵנוּ.
הָרַחֲמָן הוּ׳ יִשְׁלַח בְּרָכָה מְרֻבָּה
בְּבַיִת זֶה. וְעַל שֻׁלְחָן זֶה שֶׁאָכַלְנוּ
עָלָיו. הָרַחֲמָן הוּא יִשְׁלַח לָנוּ אֶת
אֵלִיָּהוּ הַנָּבִיא זָכוּר לַטּוֹב וִיבָרֵךְ
אוֹתָנוּ כָּל אֶחָד וְאֶחָד מִמֶּנּוּ בִּשְׁמוֹ.
הָרַחֲמָן הוּא יְבָרֵךְ אוֹתָנוּ וְאֶת כָּל
אֲשֶׁר לָנוּ כְּמוֹ שֶׁנִּתְבָּרְכוּ אֲבוֹתֵינוּ
אַבְרָהָם יִצְחָק וְיַעֲקֹב בַּכֹּל מִכֹּל
כֹּל. כֵּן יְבָרֵךְ אוֹתָנוּ כֻּלָּנוּ יַחַד
בִּבְרָכָה שְׁלֵימָה. וְנֹאמַר אָמֵן. אָמֵן.
בַּמָּרוֹם יְלַמְּדוּ עָלָיו וְעָלֵינוּ זְכוּת
שֶׁתְּהֵא לְמִשְׁמֶרֶת שָׁלוֹם. וְנִשָּׂא
בְרָכָה מֵאֵת יְיָ וּצְדָקָה מֵאֱלֹהֵי
יִשְׁעֵנוּ וְנִמְצָא חֵן וְשֵׂכֶל טוֹב בְּעֵינֵי
אֱלֹהִים וְאָדָם. אָמֵן.
הָרַחֲמָן הוּא יְזַכֵּנוּ לִימוֹת הַמָּשִׁיחַ
וּלְחַיֵּי הָעוֹלָם הַבָּא. מִגְדּוֹל יְשׁוּעוֹת
מַלְכּוֹ וְעֹשֶׂה חֶסֶד לִמְשִׁיחוֹ לְדָוִד
וּלְזַרְעוֹ עַד עוֹלָם. עוֹשֶׂה שָׁלוֹ׳
בִּמְרוֹמָיו הוּא יַעֲשֶׂה שָׁלוֹם עָלֵינוּ
וְעַל כָּל יִשְׂרָ׳ וְאִמְרוּ אָמֵן. אָמֵן.

Festival of Unleavened Bread. Remember us on it for good,
O Lord, our God. Visit us on it for blessing.
And save us on it for life. With your word of salvation
and mercy, pity and favour us, have mercy on us,
and save us, for our eyes are turned towards you, for you are
a gracious and merciful king.
And build Jerusalem, the holy city, speedily, *f.29a*
in our days. Blessed are you, O Lord, who console Zion,
your city, through the building of Jerusalem. Amen.
Blessed are you, O Lord, our God, king of
the universe. May you be blessed, who live for ever and exist
externally. God, our Father, our King, our Mighty One,
our Redeemer, our Creator, our Holy One, the Holy One of Jacob,
our Shepherd, the Shepherd of Israel, the King who is good,
and does good to all; God, who each and every day
has done, does, and will do good to us; he
did, does, and will bestow upon
us for ever, in grace, in love, in mercy
and in relief, both rescue and deliverance, blessing *f.29b*
and salvation, sustenance and support, mercy,
life, peace and all that is good.
May the Merciful One reign over us for
ever. May the Merciful One be blessed in heaven
and earth. May the Merciful One be praised in every
generation. May the Merciful One be glorified among us
to all eternity. May the Merciful One be magnified
among us for ever and ever. May the Merciful One
sustain us honourably. May the Merciful One
break the yoke of the nations from our necks,
and may he lead us upright to our land.
May the Merciful One send abundant blessing upon
this home, and upon this table from which we
have eaten. May the Merciful One send us
Elijah the prophet, may he be remembered for good, and may he *f.30a*
bless us, each one of us, in his name.
May the Merciful One bless us and all
that we have, just as our fathers,
Abraham, Isaac and Jacob were blessed, through all, with all,
from all. So may he bless us, all of us together,
with a perfect blessing, and let us say: Amen. Amen.
May both his and our merit be pleaded in heaven,
so that it may be a storehouse of peace, and may we receive
blessing from the Lord, and righteousness from the God of
our salvation. So shall we find grace and good-favour in the sight of
God and man. Amen.
May the Merciful One favour us with witnessing the days of the Messiah, *f.30b*
and the life of the world to come. He is the tower of salvation
for his king, and shows mercy to his anointed, to David
and his descendants for ever. May he who makes peace
in his high places make peace for us
and for all Israel, and say: Amen. Amen.

לא לנו. לא בשבילנו ובכושר מעשינו **כי לשמך תן כבוד** שלא יאמרו איה נא אלהיה׳.
לא ימישון. לשון ימושני אבי. **יראי יי**. אלו הגרים. לא לנו כו׳. י״א על שיעבוד מלכיו׳ נאמ׳. וי״א משה וישראל אמרוהו בשעה שעמדו על הים. וי״א חנניה מישאל ועזריה אמ׳. וי״א מרדכי ואסתר. **יברך יראי יי. הקטנים עם הגדולים**. לא אמ׳ על האחרי׳ אלא בית ישראל ובית אהרן כי

Not to us Not for our sakes, or because of the correctness of our deeds, but **to your name give glory**, lest they say: 'Where is their God?' *f.31b*
They do not feel [*yemishun*] Like the verse: 'My father will feel me [*yemusheni*]' [*Gen.* 27:12]. **You that fear the Lord** These are proselytes. 'Not to us . . . '. Some say that this refers to the subjugation of the kingdoms. Some say that Moses and Israel spoke this when they stood at the sea. Others say that it was spoken by Hananiah, Mishael and Azariah. Still others say that it was Mordecai *f.32a*
and Esther. **He will bless those that fear the Lord, the young together with the old** These are not mentioned elsewhere, but only 'House of Israel' or 'House of Aaron', for 'house' includes the young. *f.32b*

יִרְאוּ אֶת יְיָ קְדוֹשָׁיו כִּי אֵין מַחְסוֹר
לִירֵאָיו. כְּפִירִים רָשׁוּ וְרָעֵבוּ וְדוֹרְשֵׁי
יְיָ לֹא יַחְסְרוּ כָל טוֹב. סַבְרִי מוֹרַי וְרַבּוֹתַי.
בָּרוּךְ אַתָּה יְיָ אֱלֹהֵינוּ מֶלֶךְ הָעוֹלָם
בּוֹרֵ׳ פְּרִי הַגֶּפֶן. אמן. אָמֵן.
וישתו כולם בהסיבת שמאל. ואחר כך מוזגין כוס
רביעי להלל הגדול. ויתחיל
שפוך חֲמָתְךָ עַל הגוים אֲשֶׁר לֹא
יְדָעוּךָ וְעַל הַמַּמְלָכוֹת אֲשֶׁר בְּשִׁמְךָ
לֹא קָרָאוּ. שְׁפוֹךְ עֲלֵיהֶם זַעֲמֶיךָ
וַחֲרוֹן אַפְּךָ יַשִּׂיגֵם. תְּהִי טִירָתָם
נְשַׁמָּה וּבְאָהֳלֵיהֶם אַל יְהִי יוֹשֵׁב.
תְּהִי שֻׁלְחָנָם לִפְנֵיהֶם לְפַח
וְלִשְׁלוֹמִים לְמוֹקֵשׁ. תִּרְדּוֹף בְּאַף
וְתַשְׁמִדֵם מִתַּחַת שְׁמֵי יְיָ. כִּי אָכְלוּ
אֶת יַעֲקֹב וְאֶת נָוֵהוּ הֵשַׁמּוּ.
לֹא לָנוּ יְיָ לֹא לָנוּ, כִּי לְשִׁמְךָ תֵּן
כָּבוֹד עַל חַסְדְּךָ וְעַל אֲמִיתֶּךָ. לָמָּה
יֹאמְרוּ הַגּוֹיִם, אַיֵּה נָא אֱלֹהֵיהֶם.
וֵאלֹהֵינוּ בַשָּׁמַיִם, כֹּל אֲשֶׁר חָפֵץ
עָשָׂה. עֲצַבֵּיהֶם כֶּסֶף וְזָהָב, מַעֲשֵׂה
יְדֵי אָדָם. פֶּה לָהֶם וְלֹא יְדַבֵּרוּ,
עֵינַיִם לָהֶם וְלֹא יִרְאוּ. אָזְנַיִם לָהֶם
וְלֹא יִשְׁמָעוּ, אַף לָהֶם וְלֹא יְרִיחוּן.
יְדֵיהֶם וְלֹא יְמִישׁוּן, רַגְלֵיהֶם וְלֹא
יְהַלֵּכוּ. וְלֹא יֶהְגּוּ בִּגְרוֹנָם. כְּמוֹהֶם
יִהְיוּ עוֹשֵׂיהֶם, כֹּל אֲשֶׁר בּוֹטֵחַ
בָּהֶם. יִשְׂרָאֵל בְּטַח בַּיְיָ, עֶזְרָם
וּמָגִינָּם הוּא. בֵּית אַהֲרֹן בִּטְחוּ בַּיְיָ,
עֶזְרָם וּמָגִנָּם הוּא. יִרְאֵי יְיָ בִּטְחוּ
בַּיְיָ, עֶזְרָם וּמָגִנָּם הוּא.
יי זְכָרָנוּ יְבָרֵךְ, יְבָרֵךְ אֶת בֵּית יִשְׂרָאֵל.
יְבָרֵךְ אֶת בֵּית אַהֲרֹן יְבָרֵךְ יִרְאֵי יְיָ,
הַקְּטַנִּים עִם הַגְּדוֹלִים. יֹסֵף יְיָ
עֲלֵיכֶם, עֲלֵיכֶם וְעַל בְּנֵיכֶם. בְּרוּכִים
אַתֶּם לַיְיָ, עוֹשֵׂה שָׁמַ׳ וָאָרֶץ.
הַשָּׁמַיִם שָׁמַיִם לַיְיָ, וְהָאָרֶץ נָתַן
לִבְנֵי אָדָם. לֹא הַמֵּתִים יְהַלְלוּ יָהּ,
וְלֹא כָּל יוֹרְדֵי דוּמָה. וַאֲנַחְנוּ נְבָרֵךְ
יָהּ, מֵעַתָּה וְעַד עוֹלָם. הַלְלוּ יָהּ.
אָהַבְתִּי כִּי יִשְׁמַע יְיָ, אֶת קוֹלִי
תַּחֲנוּנָי. כִּי הִטָּה אָזְנוֹ לִי, וּבְיָמַי
אֶקְרָא. אֲפָפוּנִי חֶבְלֵי מָוֶת, וּמְצָרֵי
שְׁאוֹל מְצָאוּנִי צָרָה וְיָגוֹן אֶמְצָא.
וּבְשֵׁם יְיָ אֶקְרָא, אָנָּה יְיָ מַלְּטָה
נַפְשִׁי. חַנּוּן יְיָ וְצַדִּיק, וֵאלֹהֵינוּ
מְרַחֵם. שׁוֹמֵר פְּתָאִים יְיָ, דַּלּוֹתִי
וְלִי יְהוֹשִׁיעַ. שׁוּבִי נַפְשִׁי לִמְנוּחָיְכִי,
כִּי יְיָ גָּמַל עָלָיְכִי. כִּי חִלַּצְתָּ נַפְשִׁי
מִמָּוֶת, אֶת עֵינִי מִן דִּמְעָה אֶת
רַגְלִי מִדֶּחִי. אֶתְהַלֵּךְ לִפְנֵי יְיָ,
בְּאַרְצוֹת הַחַיִּים. הֶאֱמַנְתִּי כִּי

Fear the Lord, O you, his holy ones, for those who fear him suffer no want. Young lions grow poor and hungry, but those who seek the Lord shall lack nothing good. My scholars, teachers, and masters!

Blessed are you, O Lord, our God, king of the universe, who create the fruit of the vine. Amen. Amen.

They all drink while leaning to the left. After this the fourth cup is filled for the Great Psalm of Praise [*Ps.* 136], and the celebrant begins:

Pour out your fury against the nations who have not *f. 31a*
known you, and against the kingdoms who have not called upon your name. Pour out your wrath against them, and let the heat of your anger overtake them. May their camp be desolate, and may no one dwell in their tents.
May their table be a snare before them, *f. 31b*
and those that befriend them a trap. Follow them in anger, and destroy them from beneath the heavens of the Lord, for they have consumed Jacob and made his sanctuary desolate.

[Psalm 115] **Not to us,** O Lord, not to us; but to your name give glory; for your love and for your truth. Why should the nations say: Where is their God? Our God is in heaven. He has done whatever pleases
him. Their idols are silver and gold, the work *f. 32a*
of man's hands. They have mouths but they do not speak; eyes but they do not see; ears but they do not hear; noses but they do not smell; hands but they do not feel; feet but they do not walk; nor do they speak with their throats. Those who make them shall be like them; whoever puts his trust in them. Israel, trust in the Lord; he is their help and their shield. House of Aaron, trust in the Lord; he is their help and their shield. You that fear the Lord, trust in the Lord; he is their help and their shield.

The Lord has remembered us; he will bless, he will bless the House of Israel; *f. 32b*
he will bless the House of Aaron; he will bless those that fear the Lord, the young together with the old. May the Lord make you more numerous, you and your children. Blessed are you to the Lord, who makes heaven and earth. Heaven belongs to the Lord, but the earth has he given
to the children of man. The dead shall not praise God, *f. 33a*
nor any of those who descend into silence. But we shall bless the Lord from now and for ever. Praise the Lord.

[Psalm 116] **I should** love the Lord to hear my voice and my supplication; to incline his ear towards me; then I should call all my days. The bands of death have surrounded me, and the straits of Sheol have discovered me. I find trouble and sorrow, and I call upon the name of the Lord. O Lord, deliver
my soul. Gracious is the Lord, and righteous; and our God *f. 33b*
is merciful. He guards the simple; I am despondent, but he saves me. Return, my soul, to your rest; for the Lord has been merciful to you; for he has rescued my soul from death, my eyes from tears, and my feet from falling. I shall walk before the Lord in the land of the living. I trusted when

בית כולל הקטנים. וכן בבטחון לא זכר עם
ישראל ועם יראי יי בית כי הקטנים אין בהם
דעת הבטחון. **אהבתי כי ישמע יי.** תאבתי כי
ישמע יי קולי. **ובימי אקרא.** ביום צרתי אקראנו
וביום גאולתי אשבחנו. **חבלי מות.** חבורות
אויבינו המבקשי׳ להמיתנו. חבלי מות חבלי
שאול כולם לשון חבורות הן כמו חבל נביאים.
מצרי שאול. גבולי שאול. **בארצות החיים.** ארץ

Similarly, when the Psalmist speaks of trust he does not mention 'house' in connection with Israel or with those 'that fear the Lord', because the young do not understand
the notion of trust. **I should love the Lord to hear** I deeply desire the *f. 33a*
Lord to hear my voice. **Then I should call all my days** In the day of my sorrow I shall call him, and in the day of my redemption I shall praise him. **The bands of death** These are groups of our enemies who seek to kill us. 'Bands of death' and 'bands of Sheol' [*Ps.* 18:6] both refer to groups of people, as in the phrase 'a band of prophets' [*I Sam.* 10:5].
Straits of Sheol means the boundaries of Sheol. **In the land of the living** The land of *f. 33b*

אֲדַבֵּר, אֲנִי עָנִיתִי מְאֹד. אֲנִי
אָמַרְתִּי בְחָפְזִי, כָּל הָאָדָם כֹּזֵב.
מָה אָשִׁיב לַיָי, כָּל תַּגְמוּלֹהִי עָלָי.
כּוֹס יְשׁוּעוֹת אֶשָּׂא, וּבְשֵׁם יְיָ
אֶקְרָא. נְדָרַי לַיָי אֲשַׁלֵּם, נֶגְדָה נָּא
לְכָל עַמּוֹ. יָקָר בְּעֵינֵי יְיָ, הַמָּוְתָה
לַחֲסִידָיו. אָנָּא יְיָ כִּי אֲנִי עַבְדֶּי׳, [אֲנִי
עַבְדְּךָ] בֶּן אֲמָתֶךָ פִּתַּחְתָּ לְמוֹסֵרָי.
לְךָ אֶזְבַּח זֶבַח תּוֹדָה, וּבְשֵׁם יְיָ
אֶקְרָא. נְדָרַי לַיָי אֲשַׁלֵּם, נֶגְדָה נָּא
לְכָל עַמּוֹ. בְּחַצְרוֹת בֵּית יְיָ, בְּתוֹכֵכִי
יְרוּשָׁלָםִ. הַלְלוּ יָהּ.
הַלְלוּ אֶת יְיָ כָּל גּוֹיִם, שַׁבְּחוּהוּ כָּל
הָאֻמִּים. כִּי גָבַר עָלֵינוּ חַסְדּוֹ,
וֶאֱמֶת יְיָ לְעוֹלָם. הַלְלוּ יָהּ.
הוֹדוּ לַיָי כִּי טוֹב כִּי לְעוֹלָם חַסְדּוֹ.
יֹאמַר נָא יִשְׂרָאֵל כִּי לְעוֹלָם חַסְדּוֹ.
יֹאמְרוּ נָא בֵית אַהֲרֹן
כִּי לְעוֹלָם חַסְדּוֹ.
יֹאמְרוּ נָא יִרְאֵי יְיָ כִּי לְעוֹלָם חַסְדּוֹ.
מִן הַמֵּצַר קָרָאתִי יָּהּ, עָנָנִי בַמֶּרְחָב
יָהּ. יְיָ לִי לֹא אִירָא, מַה־יַּעֲשֶׂה לִי
אָדָם. יְיָ לִי בְּעֹזְרָי, וַאֲנִי אֶרְאֶה
בְשׂוֹנְאָי. טוֹב לַחֲסוֹת בַּיָי, מִבְּטֹחַ
בָּאָדָם. טוֹב לַחֲסוֹת בַּיָי, מִבְּטֹחַ
בִּנְדִיבִ׳. כָּל גּוֹיִם סְבָבוּנִי, בְּשֵׁם יְיָ
כִּי אֲמִילַ׳. סַבּוּנִי גַם סְבָבוּנִי, בְּשֵׁם

I spoke; I was greatly afflicted; I
said in my haste: every man is deceitful.
What shall I repay the Lord for all his benefits towards me? *f. 34a*
I shall raise the cup of salvation and call upon the name
of the Lord. I shall fulfil my vows to the Lord, in the presence of
all his people. Precious in the sight of the Lord is the death
of his pious ones. I beg you, O Lord, for I am your servant; I am
your servant, the son of your handmaid. You have untied my bonds.
I shall offer to you a sacrifice of thanksgiving, and I shall call upon
the name of the Lord. I shall fulfil my vows to the Lord, in the
presence of all his people; in the courts of the Lord's house; within you,
O Jerusalem. Praise the Lord.
[Psalm 117] **Praise** the Lord, all nations; exalt him, all
peoples; for his love is mighty towards us;
And the truth of the Lord is for ever. Praise the Lord. *f. 34b*
[Psalm 118] **Thank** the Lord, for he is good; for his love endures for ever.
Let Israel now say that his love endures for ever.
Let the House of Aaron now say
that his love endures for ever.
Let those that fear the Lord now say that his love endures for ever. *f. 35a*
From tight straits I called upon the Lord. He answered me and set me
at large. The Lord is mine, I shall not fear. What can man do
to me? The Lord is mine, to help me; and I shall see evil befall *f. 35b*
my enemies. It is better to trust in the Lord than to put one's trust
in man. It is better to trust in the Lord than to put one's trust
in princes. All the nations have surrounded me; in the name of the Lord
I shall fell them. They have encircled and surrounded me; in the name

ישראל ששכינתו שם שגרשוני רדפי ממנה בימי שאול ועל כרחם החזרתי. **האמנתי כי אדבר.** האמנתי את דברי ציבא שאמר על מפיבושת כשאדבר הנה לך כל אשר למפיבושת. אז **אני עניתי מאד.** דברתי קשה ונענתי לך. אז **אמרתי בחפזי** לנוס מפני אבשלו׳. **כל האדם כוזב** ובוגד באהבו. כי ראיתי את בני מבקש נפשי וכל ישראל גומלי׳ לי רעה תחת טובה. לפיכך האמנתי לציבא ואמרתי אף מפיבושת כוזב ובוגד בי. כל לשון כוזב אינו אלא לשון חסרון מבטח שבטחו עליו פלנצ״א בלע״ז כמו אשר לא יכזבו מימיו. ויש פותרי׳ אותו אני אמרתי בחפזי בסלע המחלקות על שהיו שאול ואנשיו עוטרי׳ אותי ואת אנשי לתפשני ושם נאמ׳ ויהי דוד נחפז ללכת. כל האדם כוזב. שמואל הנביא שהוא נאמן לנביא אף הוא כוזב שמשחני למלך. י״מ האמנתי אמונה גדולה היתה לי כי אפי׳ כשהייתי נחפז ועני מאד הייתי אומר כל אדם (שלא) שאומר שלא תהיה לי המלוכה כוזב הוא. וזו האמנה הגדולה. ומה שאמ׳ במזמו׳ ל״א אמרתי בחפזי נגרזתי פי׳ זהו בתחלת מחשבתו היה ירא שימות ביד שאול. אבל בגמר מחשבתו היתה האמונה שלימה.
נגדה נא לכל עמו. נגד כל עמו. **יקר בעיני יי** וגו׳. הראני הק׳ שדבר קשה וכבד הוא בעיניו להמית את חסידיו. **המותה.** המות כמו הביתה החוצה. **עבדך בן אמתיך.** במזמור פ״ו אינו דומה תרבות עבד הלקוח מן השוק לילוד ממשפחת בית. **פתחת למוסרי.** התרת מעל צוארי מוסרות ומוטות. **זבח תודה.** זבחי הודיה על הניסים שעשית לי. **נדרי.** קרבנות שנדרתי. **בתוככי.** בתוכך. **כי גבר עלינו חסדו.** כלו׳ ואף אשר גבר עלינו חסדו. **ואמת יי לעולם.** ששמר אבטחתו שהבטיח את האבות. **כל גוים.** אומות העולם ששעבדו בישראל. **כל האמ׳.** אותם שלא שעבדו בהם. ומה אם אותם ששעבדו מקלסים אנו לא כ״ש. יאמ׳ ישראל ומה הגוים מקלסי׳ אנו לכ״ש. יתחילו ויאמרו כי גבר עלינו חסדו. אז תאמ׳ הארץ ואמת יי לעולם כלומ׳ אמרתי הברית שקיימת לאבות וזכרתי את בריתי כו׳ והארץ אזכור. **טוב לחסות ביי** מהבטחת בני אדם. **כל**

Israel, where the Shekhinah is. My pursuers drove me away from it in the days of Saul, but I returned despite them. **I trusted when I spoke**
I believed the words of Ziba when he spoke concerning Mephibosheth, since I said: 'Behold everything that belongs to Mephibosheth is yours' [*II Sam.* 16:4]. Then **I was greatly afflicted [*aniti*]** I spoke harshly and I asked your forgiveness. Then **I said in my haste** that we should flee from Absalom. **Every man is deceitful**, and treacherous towards his friend. [I said this] when I saw my son seeking to kill me, and all Israel repaying me evil for good. That is why
I believed Ziba and said to myself: Mephibosheth is also deceitful and treacherous towards me. Being 'deceitful' [*kozev*] means failing to repay the trust that people have in you, *faillance* in French, as in the verse: 'its waters will not fail [*yekhazevu*]' [*Is.* 58:11]. Some explain it like this: 'I said in my haste' at Sela Hamaḥlekot [cf. *I Sam.* 23:28], when Saul and his men had surrounded me and my men in an attempt to capture me. There it is said 'David made haste to get away' [*I Sam.* 23:26]. 'Every man is deceitful': even the prophet Samuel, who was trusted as a prophet, was deceitful in that he anointed me king. Some interpret as follows. 'I trusted': I had great faith, because even when I was afflicted and distressed I would say that whoever maintained that I would not reign was deceitful. This was [David's] great faith. As for his statement in Psalm 31, 'I said in my haste, I am cut off' [23], this was his initial reaction when he was afraid that he might be killed by Saul. But after further thought his faith was perfect.
In the presence of all his people On behalf of all his people. **Precious in the sight of the Lord** *f. 34a*
The Holy One has shown me that it is difficult and hard in his sight to slay his pious ones. **The death [*hamavetah*]** [ends] like *habayetah* [to the house] and *haḥutsah* [outside] [*Gen.* 39:11, 12]. **Your servant, the son of your handmaid** As in Psalm 86 [:16, 'Save the son of your handmaid']. A servant bought in the market is not treated like one born in the household. **You have untied my bonds** You have loosened from my neck bonds and yokes. **A sacrifice of thanksgiving** Sacrifices of thanksgiving for the miracles that you have performed for me. **My vows** The sacrifices that I have vowed. ***Betokhekhi* [within you]** is the same as *betokhekh*. **For his love is mighty towards us**, meaning, for the very reason that his love is mighty towards us. **And the truth of the Lord is for ever** For he kept his promise that he made with the patriarchs. **All nations** The nations of the world who subjugated Israel. **All peoples** Those that did not subjugate them, who say, 'If those who subjugated Israel are praising God, should not we?' And then Israel say, 'If the nations are praising God, should not we?' And they begin by saying, 'For his love is mighty towards us.' Then the earth says, 'The truth of the Lord is for ever', meaning, I recall the covenant which you made with the patriarchs, namely, 'I will remember my covenant [with Jacob . . . Isaac and . . . Abraham . . .] and I will remember the earth . . . ' [*Lev.* 26:42]. **It is better to trust in the Lord** than to trust man. **All** *f. 35b*

יְיָ כִּי אֲמִילַ׳. סַבּוּנִי כַדְּבוֹרִים, דֹּעֲכוּ
כְּאֵשׁ קוֹצִי׳. בְּשֵׁם יְיָ כִּי אֲמִילָם.
דָּחֹה דְחִיתָנִ׳ לִנְפּוֹל, וַיְיָ עֲזָרָנִי. עָזִּי
וְזִמְרַת יָהּ, וַיְהִי לִי לִישׁוּעָה. קוֹל
רִנָּה וִישׁוּעָה בְּאָהֳלֵי צַדִּיקִים, יְמִין
יְיָ עֹשָׂה חָיִל. יְמִין יְיָ רוֹמֵמָה, יְמִין
יְיָ עֹשָׂה חָיִל. לֹא אָמוּת כִּי אֶחְיֶה,
וַאֲסַפֵּר מַעֲשֵׂה יָהּ. יַסּוֹר יִסְּרַנִּי יָהּ,
וְלַמָּוֶת לֹא נְתָנָנִ׳. פִּתְחוּ לִי שַׁעֲרֵי
צֶדֶק, אָבֹא בָם אוֹדֶה יָהּ. זֶה
הַשַּׁעַר לַיְיָ, צַדִּיקִים יָבֹאוּ בוֹ. אוֹדְךָ
כִּי עֲנִיתָנִי, וַתְּהִי [לִי] לִישׁוּעָה. אודך.
אֶבֶן מָאֲסוּ הַבּוֹנִים, הָיְתָה לְרֹאשׁ
פִּנָּה. אבן. מֵאֵת יְיָ הָיְתָה זֹאת, הִיא
נִפְלָאת בְּעֵינֵינוּ. מאת. זֶה הַיּוֹם
עָשָׂה יְיָ, נָגִילָה וְנִשְׂמְחָה בוֹ. זה היום.
אָנָּא יְיָ הוֹשִׁיעָ נָּא.
אָנָּא יְיָ הוֹשִׁיעָ נָּא.
אָנָּא יְיָ הַצְלִיחָה נָּא.
אָנָּא יְיָ הַצְלִיחָה נָּא.
בָּרוּךְ הַבָּא בְּשֵׁם יְיָ, בֵּרַכְנוּכֵם
מִבֵּית יְיָ. ברוך. אֵל יְיָ וַיָּאֶר לָנוּ,
אִסְרוּ חַג בַּעֲבֹתִים עַד קַרְנוֹת
הַמִּזְבֵּחַ. אל. אֵלִי אַתָּה וְאוֹדֶךָּ,
אֱלֹהַי אֲרוֹמְמֶךָּ. אלי. הוֹדוּ לַיְיָ כִּי
טוֹב, כִּי לְעוֹלָם חַסְדּוֹ. הודו.
יְהַלְלוּךָ יְיָ אֱלֹהֵינוּ עַל כָּל מַעֲשֶׂיךָ

of the Lord I shall fell them. They surround me like hornets; they will
splutter like a fire of thorns; in the name of the Lord I shall fell them.
You thrust me to make me fall, but the Lord came to my aid. The Lord is
a strong defence, and he has become a saviour for me. There is a sound
of singing and salvation in the tents of the righteous. The right hand
of the Lord has acted powerfully; his right hand is raised on high;
his right hand has acted powerfully. I shall not die, but live. *f. 36a*
And I shall recount the deeds of the Lord. He has chastized me severely,
But he has not given me over to death. Open for me the gates of
righteousness. I shall enter them; I shall give thanks to the Lord.
This is the Lord's gate; the righteous shall enter it. I shall thank you,
for you have answered, and have become a saviour for me [repeat].
The stone that the builders rejected has become a cornerstone [repeat].
This has come from the Lord; it is wonderful in
our eyes [repeat]. This is the day that the Lord
has made; let us rejoice and be glad on it [repeat].

Save us, O Lord, we beg you.
Save us, O Lord we beg you. *f. 36b*
Prosper us, O Lord, we beg you.
Prosper us, O Lord, we beg you.

Blessed is he who comes in the name of the Lord; we bless you from
the house of the Lord [repeat]. The Lord is God, and has given us light.
Bind the festal offering with cords, as far as the horns *f. 37a*
of the altar [repeat]. You are my God, and I will thank you;
My God, and I will exalt you [repeat]. Give thanks to the Lord, for
he is good; for his love endures for ever [repeat].
They shall praise you, O Lord, our God, for all your deeds.

גוים סבבוני. מדבר במלחמת גוג ומגוג שכל הגוים שם שנ׳ ואספתי את כל הגוים [אל] (ל)ירושלים. **אמילם.** אכריתם לשו׳ ימולל ויבש. **דועכו כאש קוצים.** כל לשון דעיכה לשו׳ קפיצ׳ וניתור וניתוק ממקומו. על כן הוא נופל על לשונו ועל לשו׳ ימים. כגון נדעכו ממקומם וכן ימי נדעכו וכן נרו עליו ידעך כדרך שלהבת שניתקת מן הפתיל ועולה למעלה כשהוא כבה. **דחה דחיתני לנפול.** אתה אויבי עשו. **עזי וזמרת יה.** יו״ד יתירה כי לא מצינו במקרא עזי בחטף קמץ (ולא) [אלא] שריק חוץ מג׳ שהוא אצל וזמרת. ועל כרחך וזמרת דבוק הוא אצל הש׳ ואינך יכול לפרשו וזמרתי. ואל תתמה על ויהי לי לישועה שהרבה כאלה במקרא. ואשר לא שם אל לבו ואמ׳ ויעזוב את עבדיו היה לו לכתוב עזב. **קול רנה וישועה.** תהיה לעתיד. **באהלי צדיקים.** ומהו קול הרינה. **ימין יי רוממה. ימין יי עושה חיל.** ירננו ימין יי וגומ׳. **לא אמות כי אחיה.** אני כנסת ישראל כשאר אומו׳ מיתת עולם כי אחיה וגו׳. **יסור יסרני.** בגלותי ושם נתכפרו כל עונותי. ולמות לא נתנני. **פתחו לי שערי צדק.** ואילו הם שערי צדק. **זה.** שערי בית המקדש שהוא ליי. **והצדיקים יבאו בו.** ושם אודך כי עניתני. בגלות. **אבן מאסו הבונים.** עם שהיה שפל מכל האומות. **מאת יי היתה זאת.** כן יאמרו הכל.

ברוך הבא. יאמרו למביאי ביכורים ולעולי רגלים. **ברכנוכם.** ברכנו אתכם. **אסרו חג בעבותים.** הזבחים והחגיגות שהיו נקיים ובדוקי ממום קושרים בכרעי מטותיהם עד שיביאום לעזרה בקרנות המזבח. ויש לפתור כל סוף המזמור הזה מן לא אמות כי אחיה בדוד עצמו. **יסר יסרני יה.** במעשה בת שבע בייסורי׳ כגו׳ ו[את] הכבשה ישלם (שבעתי) [ארבעתים] וששה חדשים נצטרע דוד. **ולמות לא נתנני.** שנא׳ גם יי ה(מ)עביר חטאת(י)ך ולא תמות. **פתחו לי שערי צדק.** אלו השערים של בתי כנסיות ובתי מדרשות אשר הם ליי והצדיקים באים בהם. **אודך כי עניתני.** מכאן ואילך אמ׳ דוד ושמואל וישי ואחי דוד כמו שמפורש בערבי פסחים מה שאמר זה לא אמר זה.

the nations have surrounded me The Psalmist speaks of the war of Gog and Magog, when all
the nations will be present, as it is said, 'I will gather all nations against Jerusalem' [*Zech.* 14.2].
Amilam means: 'I shall cut them off', as in: 'It is cut down [*yemolel*] and withers' [*Ps.* 90:6].
They will splutter [*do'akhu*] like a fire of thorns *De'ikhah* always means leaping,
being loosened, and removed from its place. It can therefore be applied literally, or metaphorically
to life. For example, 'They are consumed [*nid'akhu*]' from their place' [*Job* 6:17]; 'My
days are extinct [*nid'akhu*]' [*Job.* 17:1]; and 'His lamp over him shall be put out [*nid'akh*]' [*Job* 18:6].
It is like a flame which separates from a wick and goes up as it is extinguished. **You thrust
me to make me fall** You, my enemy, Esau. **The Lord is a strong defence** The [letter] *yod* of *ozi*
[strength] is superfluous, for in the whole of Scripture we do not find *ozi* vocalized with a *ḥatef
kamets*, but with a *shurek*, except for three cases, and these always occur with *zimrat* [defence].
Vezimrat must be in the construct case followed by the divine name,
and cannot be rendered as *zimrati* [my defence]. Do not be surprised by 'He has become [*vayehi*]
my salvation', because there are many similar examples in Scripture. 'He that did not heed [the word
of the Lord] left[*vaya'azov*] his servants' [*Ex.* 9:21]. It should have said
azav. **There is a sound of singing and salvation** This refers to the future. **In the tents of the
righteous** And what is this sound of singing? **The right hand of the Lord is raised on high. The right hand
of the Lord has acted powerfully.** They will sing, 'The right hand of the Lord', etc. **I shall not die but** *f. 36a*
live. I, the congregation of Israel, shall not die for ever like the other nations,
but I shall live, etc. **[The Lord] has chastened me severely** in my exile, and there
atonement has been made for all my sins. 'But he has not given me over to death.' **Open for me
the gates of righteousness** These are the gates of righteousness; **this,** the gates of the Temple
that is the Lord's. And **the righteous shall enter it** And there 'I shall thank you,
for you have answered me' in exile. **The stone that the builders rejected** The people that were
the lowest of all peoples. **This has come from the Lord** Everyone
will say this.

Blessed is he who comes Said to bringers of firstfruits and to pilgrims to *f. 36b*
[Jerusalem] on the festivals. **We bless you [*berakhnukhem*]**, as if two words *berakhnu etkhem.* **Bind the
festal offering with cords** The sacrifices and the festival offerings, which were clean and examined
for blemishes, were tied to the legs of their beds until they were brought
to the Temple court, as far as 'the horns of the altar'. It is possible to explain the last part of
this Psalm, from 'I shall not die but live', in terms of David himself.
The Lord has chastized me severely This refers to Bathsheba, as, for example, in the verse:
'He shall restore the lamb fourfold' [*II Sam.* 12:6], and then David was afflicted
with leprosy for six months. **But he has not given me over to death**, as it is said, 'The Lord
has put aside your sin, and you shall not die' [*II Sam.* 12:13]. **Open for me the gates of
righteousness** These are the gates of synagogues and schools,
which belong to the Lord, and the righteous shall enter them.
I shall thank you, for you have answered me From now on the Psalm is spoken by David, Samuel,
Jesse and David's brothers, as explained in *On Passover-eves* [*Pesaḥim*, Chap. 10]. They
each spoke one verse independently [*Pesahim* 119a].

And your pious ones, the righteous who do your will, and your people
the House of Israel, will in song thank, bless,
praise, glorify, exalt, celebrate,
sanctify and crown your name, our king;
for it is good to give thanks to you, and it is pleasant to sing to   *f. 37b*
your name, because for ever and ever you
are God.

[Psalm 136] **Thank** the Lord, for he is good,	for his love endures for ever;
give thanks to the God of gods,	for his love endures for ever;
give thanks to the Lord of lords,	for his love endures for ever; *f. 38a*
to him who alone does great wonders,	for his love endures for ever;
to him who made heaven with understanding,	for his love endures for ever;
to him who spread the land over the waters,	for his love endures for ever;
to him who made the great lights,	for his love endures for ever;
the sun to rule by day,	for his love endures for ever;
and the moon and the stars to rule	
by night,	for his love endures for ever;
to him who smote Egypt in their firstborn,	for his love endures for ever;
and brought Israel out from among them,	for his love endures for ever;
with a strong hand and an outstretched arm,	for his love endures for ever;
to him who split the Sea of Reeds,	for his love endures for ever;
and led Israel through its midst,	for his love endures for ever; *f. 38b*
and drowned Pharaoh with his army,	for his love endures for ever;
to him who led his people in the desert,	for his love endures for ever;
to him who smote great kings,	for his love endures for ever;
and slew mighty kings,	for his love endures for ever;
Sihon, king of the Amorites,	for his love endures for ever;
and Og, king of Bashan,	for his love endures for ever;
and gave their land as an inheritance,	for his love endures for ever;
an inheritance to his servant Israel,	for his love endures for ever;
who in our subjection remembered us,	for his love endures for ever;
and released us from our enemies,	for his love endures for ever;
to him who gives bread to all flesh,	for his love endures for ever;
give thanks to the God of heaven,	for his love endures for ever. *f. 39a*

Rejoice, you righteous, in the Lord; praise is fitting for the upright.

The breath of every living thing shall bless your name, O Lord,
our God; and the spirit of all flesh shall glorify
and exalt the remembrance of you, our king, continually.   *f. 39b*
For ever and ever you are God,
and apart from you we have no king who redeems
and saves. You deliver, protect, sustain
and bestow compassion on us at all times of trouble and distress;
we have no king but you. He is God
of the first and of the last, God of all
creatures, Lord of all generations, magnified
with every kind of praise, who conducts his world
with love, and his creatures with mercy. The Lord does not
slumber or sleep. He wakes the sleepers,
and rouses those who slumber. He gives speech to the dumb,   *f. 40a*
frees the fettered, supports the falling,
and lifts up those that are bowed down. To you alone we
give thanks. Yet if our mouths were full of song as the sea,
and our tongues like its multitudes of waves, and our lips
like the firmament's expanse, and our eyes like the sun and the moon, and our hands
like eagles' wings, and our legs like hinds, we
still could not fully praise you, O Lord,
our God, and God of our fathers, or bless your
name, for even one of the thousands upon
thousands and myriads upon myriads of good deeds
that you did for our fathers and for us.   *f. 40b*
From Egypt you redeemed us, O Lord, our God, and from the house

וַחֲסִידֶיךָ צַדִּיקִי' עוֹשֵׂה רְצוֹנֶךָ וְעַמְּךָ
בֵּית יִשְׂרָ' בְּרִנָּה יוֹדוּ וִיבָרְכוּ
וִישַׁבְּחוּ וִיפָאֲרוּ וִירוֹמְמוּ וְיַעֲרִיצוּ
וְיַקְדִּישׁוּ וְיַמְלִיכוּ אֶת שִׁמְךָ מַלְכֵּנוּ
כִּי לְךָ טוֹב לְהוֹדוּ' וּלְשִׁמְךָ נָעִים
לְזַמֵּר כִּי מֵעוֹלָ' וְעַד עוֹלָם אַתָּה
אֵל.

הוֹדוּ לַיְיָ כִּי טוֹב   כִּי לְעוֹלָם חַסְדּוֹ
הוֹדוּ לֵאלֹהֵי הָאֱלֹהִים   כל"ח
הוֹדוּ לַאֲדֹנֵי הָאֲדֹנִים   כל"ח
לְעֹשֵׂה נִפְלָאוֹת גְּדֹלוֹת לְבַדּוֹ   כל"ח
לְעֹשֵׂה הַשָּׁמַיִם בִּתְבוּנָה   כל"ח
לְרֹקַע הָאָרֶץ עַל הַמָּיִם   כל"ח
לְעֹשֵׂה אוֹרִים גְּדֹלִים   כל"ח
אֶת הַשֶּׁמֶשׁ לְמֶמְשֶׁלֶת בַּיּוֹם   כל"ח
אֶת הַיָּרֵחַ וְכוֹכָבִים לְמֶמְשְׁלוֹת
בַּלָּיְלָה   כל"ח
לְמַכֵּה מִצְרַיִם בִּבְכוֹרֵיהֶם   כל"ח
וַיּוֹצֵא יִשְׂרָאֵל מִתּוֹכָם   כל"ח
בְּיָד חֲזָקָה וּבִזְרוֹעַ נְטוּיָה   כל"ח
לְגֹזֵר יַם סוּף לִגְזָרִים   כל"ח
וְהֶעֱבִיר יִשְׂרָאֵל בְּתוֹכוֹ   כל"ח
וְנִעֵר פַּרְעֹה וְחֵילוֹ בְיַם סוּף   כל"ח
לְמוֹלִיךְ עַמּוֹ בַּמִּדְבָּר   כל"ח
לְמַכֵּה מְלָכִים גְּדֹלִים   כל"ח
וַיַּהֲרֹג מְלָכִים אַדִּירִים   כל"ח
לְסִיחוֹן מֶלֶךְ הָאֱמֹרִי   כל"ח
וּלְעוֹג מֶלֶךְ הַבָּשָׁן   כל"ח
וְנָתַן אַרְצָם לְנַחֲלָה   כל"ח
נַחֲלָה לְיִשְׂרָאֵל עַבְדּוֹ   כל"ח
שֶׁבְּשִׁפְלֵנוּ זָכַר לָנוּ   כל"ח
וַיִּפְרְקֵנוּ מִצָּרֵינוּ   כל"ח
נֹתֵן לֶחֶם לְכָל בָּשָׂר   כל"ח
הוֹדוּ לְאֵל הַשָּׁמָיִם   כל"ח.
רננו צדיקים ביי לישרים נאוה תהלה.

נִשְׁמַת כָּל חַי תְּבָרֵךְ אֶת שִׁמְךָ יְיָ
אֱלֹהֵינוּ וְרוּחַ כָּל בָּשָׂר תְּפָאֵר
וּתְרוֹמֵם זִכְרְךָ מַלְכֵּנוּ תָּמִיד. מִן
הָעוֹלָם וְעַד הָעוֹלָם אַתָּה אֵל
וּמִבַּלְעָדֶיךָ אֵין לָנוּ מֶלֶךְ גּוֹאֵל
וּמוֹשִׁיעַ. פּוֹדֶה וּמַצִּיל וּמְפַרְנֵס
וּמְרַחֵם בְּכָל עֵת צָרָה וְצוּקָה. אֵין
לָנוּ מֶלֶךְ אֶלָּא אַתָּה. אֱלֹהֵי
הָרִאשׁוֹנִים וְהָאַחֲרוֹנִים אֱלוֹהַּ כָּל
בְּרִיּוֹת אֲדוֹן כָּל תּוֹלָדוֹת הַמְהֻלָּל
בְּכָל בַּתִּשְׁבָּחוֹת הַמְנַהֵג עוֹלָמוֹ
בְּחֶסֶד וּבְרִיּוֹתָיו בְּרַחֲמִים. וַיְיָ לֹא
יָנוּם וְלֹא יִשָׁן הַמְעוֹרֵר יְשֵׁנִים
וְהַמֵּקִיץ נִרְדָּמִים וְהַמֵּשִׂיחַ אִלְּמִים
וְהַמַּתִּיר אֲסוּרִים וְהַסּוֹמֵךְ נוֹפְלִים
וְהַזּוֹקֵף כְּפוּפִים לְךָ לְבַדְּךָ אֲנַחְנוּ
מוֹדִים. אִלּוּ פִינוּ מָלֵא שִׁירָה כַּיָּם
וּלְשׁוֹנֵנוּ כַהֲמוֹן גַּלָּיו וְשִׂפְתוֹתֵינוּ
כְּמֶרְחֲבֵי רָקִיעַ וְעֵינֵינוּ כשמש וירח וידינו
כְּנִשְׁרֵי שָׁמַיִם וְרַגְלֵינוּ כָּאַיָּלוֹת. אֵין
אָנוּ מַסְפִּיקִים לְהוֹדוֹת לְךָ יְיָ
אֱלֹהֵינוּ וֵאלֹהֵי אֲבוֹתֵינוּ וּלְבָרֵךְ אֶת
שִׁמְךָ. עַל אַחַת מֵאָלֶף אֶלֶף אַלְפֵי
אֲלָפִים רִבֵּי רְבָבוֹת פְּעָמִים הַטּוֹבוֹת
שֶׁעָשִׂיתָ עִם אֲבוֹתֵינוּ וְעִמָּנוּ.
מִמִּצְרַיִם גְּאַלְתָּנוּ יְיָ אֱלֹהֵינוּ וּמִבֵּית

עֲבָדִים פְּדִיתָנוּ. בְּרָעָב זַנְתָּנוּ
וּבְשָׂבָע כִּלְכַּלְתָּנוּ מֵחֶרֶב הִצַּלְתָּנוּ
מִדֶּבֶר מִלַּטְתָּנוּ וּמֵחֳלָיִם רָעִים
רַבִּים וְנֶאֱמָנִים דִּלִּיתָנוּ. עַד הֵנָּה
עֲזָרוּנוּ רַחֲמֶיךָ וְלֹא עֲזָבוּנוּ חֲסָדֶיךָ
אֱלֹהֵינוּ וְאַל תִּטְּשֵׁנוּ יְיָ אֱלֹהֵינוּ
לָנֶצַח. עַל כֵּן אֵבָרִים שֶׁפִּלַּגְתָּ בָּנוּ
וְרוּחַ וּנְשָׁמָה שֶׁנָּפַחְתָּ בְּאַפֵּינוּ וְלָשׁוֹן
אֲשֶׁר שַׂמְתָּ בְּפִינוּ. הֵן הֵם יוֹדוּ
וִיבָרְכוּ וִישַׁבְּחוּ וִיפָאֲרוּ וִירוֹמְמוּ
וְיַעֲרִיצוּ וְיַקְדִּישׁוּ וְיַמְלִיכוּ אֶת שִׁמְךָ
מַלְכֵּנוּ. כִּי כָל פֶּה לְךָ יוֹדֶה וְכָל
לָשׁוֹן לְךָ תִשָּׁבַע וְכָל בֶּרֶךְ לְךָ
תִכְרַע וְכָל קוֹמָה לְפָנֶיךָ תִשְׁתַּחֲוֶה.
וְכָל הַלְּבָבוֹת יִירָאוּךָ וְכָל קֶרֶב
וּכְלָיוֹת יְזַמְּרוּ לִשְׁמֶךָ כַּדָּבָר שֶׁכָּתוּב
כָּל עַצְמוֹתַי תֹּאמַרְנָה יְיָ מִי כָמוֹךָ.
מַצִּיל עָנִי מֵחָזָק מִמֶּנּוּ עָנִי וְאֶבְיוֹן
מִגֹּזְלוֹ. מִי יִדְמֶה לָּךְ וּמִי יִשְׁוֶה לָּךְ
וּמִי יַעֲרָךְ לָךְ הָאֵל הַגָּדוֹל הַגִּבּוֹר
וְהַנּוֹרָא אֵל עֶלְיוֹן קוֹנֵה שָׁמַיִם
וָאָרֶץ. נְהַלֶּלְךָ וּנְשַׁבֵּחֲךָ וּנְבָרֵךְ אֶת
שֵׁם קָדְשֶׁךָ כָּאָמוּר לְדָוִד בָּרְכִי
נַפְשִׁי אֶת יְיָ וְכָל קְרָבַי אֶת שֵׁם
קָדְשׁוֹ.
הָאֵל בְּתַעֲצֻמוֹת עֻזֶּךָ הַגָּדוֹל
בִּכְבוֹד שְׁמֶךָ. הַגִּבּוֹר לָנֶצַח וְהַנּוֹרָא
בְּנוֹרְאוֹתֶיךָ. הַמֶּלֶךְ הַיּוֹשֵׁב עַל כִּסֵּא
רָם וְנִשָּׂא.
שׁוֹכֵן עַד מָרוֹם וְקָדוֹשׁ שְׁמוֹ.
וְכָתוּב רַנְּנוּ צַדִּיקִים בַּיְיָ לַיְשָׁרִים
נָאוָה תְהִלָּה.
בְּפִי יְשָׁרִים תִּתְהַלָּל.
וּבְדִבְרֵי צַדִּיקִים תִּתְבָּרַךְ.
וּבִלְשׁוֹן חֲסִידִים תִּתְרוֹמָם.
וּבְקֶרֶב קְדוֹשִׁים תִּתְקַדָּשׁ.
בְּמַקְהֲלוֹת רִבְבוֹת עַמְּךָ בֵּית
יִשְׂרָאֵל בְּרִנָּה יִתְפָּאַר שִׁמְךָ מַלְכֵּנוּ
בְּכָל דּוֹר וָדוֹר. שֶׁכֵּן חוֹבַת כָּל
הַיְצוּרִים לְפָנֶיךָ יְיָ אֱלֹהֵינוּ וֵאלֹהֵי
אֲבוֹתֵינוּ לְהוֹדוֹת לְהַלֵּל לְשַׁבֵּחַ
לְפָאֵר לְרוֹמֵם לְהַדֵּר לְבָרֵךְ לְעַלֵּה
וּלְקַלֵּס עַל כָּל דִּבְרֵי שִׁירוֹת
וְתִשְׁבְּחוֹת דָּוִד בֶּן יִשַׁי עַבְדְּךָ
מְשִׁיחֶךָ.
יִשְׁתַּבַּח שִׁמְךָ לָעַד מַלְכֵּנוּ הָאֵל
הַמֶּלֶךְ הַגָּדוֹל וְהַקָּדוֹשׁ בַּשָּׁמַיִם
וּבָאָרֶץ. כִּי לְךָ נָאֶה יְיָ אֱלֹהֵינוּ
וֵאלֹהֵי אֲבוֹתֵינוּ שִׁיר וּשְׁבָחָה הַלֵּל
וְזִמְרָה עֹז וּמֶמְשָׁלָה נֶצַח גְּדֻלָּה
תְהִלָּה וְתִפְאֶרֶת קְדֻשָּׁה וּמַלְכוּת
בְּרָכוֹת וְהוֹדָאוֹת מֵעַתָּה וְעַד עוֹלָם.
בָּרוּךְ אַתָּה יְיָ אֵל מֶלֶךְ גָּדוֹל
בַּתִּשְׁבָּחוֹת אֵל הַהוֹדָאוֹת אֲדוֹן
הַנִּפְלָאוֹת הַבּוֹחֵר בְּשִׁירֵי זִמְרָ׳ מֶלֶךְ
אֵל חַי הָעוֹלָמִים.
אז רוֹב נִסִּים הִפְלֵאתָ בַּלַּיְלָה

of bondage you delivered us; in hunger you fed us,
and in plenty you sustained us; from the sword you rescued us,
from the plague you saved us, and from grievous and persistent
diseases you protected us. Thus far
your mercies have helped us, our God, and your love has not
deserted us. O Lord, our God, never forsake
us! Therefore, the organs that you distributed within us,
and the spirit and soul you breathed in our nostrils, and the tongue
which you placed in our mouths, they shall be the ones to thank,
bless, praise, glorify, exalt, *f. 41a*
magnify, sanctify and crown your name, O
our king. For every mouth shall thank you, every
tongue swear allegiance to you, every knee bend before
you and every stature prostrate itself in your presence.
All hearts will fear you and all man's
inner parts will sing to your name; as it is written,
'All my bones shall say: O Lord, who is like you,
who save the poor from one stronger than he, the poor and the needy
from the despoiler?' [*Ps.* 35:10]. Who is like you? Who is your equal?
Who can be compared to you; great, mighty and
awesome God, God supreme, Possessor of heaven *f. 41b*
and earth? We shall praise you, exalt you and bless your
holy name; as it is said. 'By David. Bless the Lord,
O my soul, and all that is within me, his holy
name' [*Ps.* 103:1].
God, in the power of your strength; great
in the glory of your name; mighty for ever; and awesome
in your fearful acts; king who sits on a throne
high and exalted.
He who dwells in all eternity, exalted and holy is his name. And it
is written:'Rejoice, you righteous, in the Lord; praise is fitting
for the upright' [*Ps.* 33:1].
By the mouths of the upright will you be praised; *f. 42a*
with the words of the righteous will you be blessed;
by the tongues of the pious will you be exalted;
and in the inward parts of the holy will you be sanctified.
In the myriad communities of your people, the House
of Israel, your name, O our king, will be glorified
with song in every generation. For such is the obligation of all
creatures before you, O Lord, our God and God of
our fathers, to thank, praise, laud, *f. 42b*
glorify, exalt, magnify, bless, celebrate
and acclaim you, more than all the words of song
and praise uttered by David, son of Jesse, your servant,
your anointed one.
May your name be praised for ever, our king, O God,
the king, great and holy in heaven
and earth. For it is fitting that we should offer you, O Lord, our God,
and God of our fathers, song and acclaim, praise
and melody, strength and dominion, eternity, greatness,
magnification and glory, sanctity and kingship, *f. 43a*
blessings and thanks, now and for ever.
Blessed are you, O Lord, God; king, great
in praises; God, receiving thanks; Lord
of wonders, choosing melodious songs; king,
God, who lives for ever.
Many were the miracles you worked at night;

אז רוב ניסים. שהפלאת לנו בליל פסח.

Many were the miracles you worked for us on the night of Passover. *f. 43a*

בְּרֹאשׁ אַשְׁמוּרוֹת זֶה הַלַּיְלָה
גֵּר צֶדֶק נִצַּחְתּוֹ כְּנֶחֱלַק לוֹ לַיְלָה.
וַיְהִי בַּחֲצִי הַלַּיְלָה.

דַּנְתָּ מֶלֶךְ גְּרָר בַּחֲלוֹם הַלַּיְלָה
הִפְחַדְתָּ אֲרַמִּי בְּאֶמֶשׁ לַיְלָה
וַיִּשְׂרָאֵל יָשַׂר לְאֵל וַיּוּכַל לוֹ לַיְלָה.
וַיְהִי בַּחֲצִי הַלַּיְלָה.

זֶרַע בְּכוֹרֵי פַתְרוֹס מָחַצְתָּ בַּחֲצִי הַלַּיְלָה
חֵילָם לֹא מָצְאוּ בְּקוּמָם בַּלַּיְלָה
טִיסַת נְגִיד חֲרֹשֶׁת סִלִּיתָ בְּכוֹכְבֵי לַיְלָה.
וַיְהִי בַּחֲצִי הַלַּיְלָה.

יָעַץ מְחָרֵף לְנוֹפֵף אִוּוּי הוֹבַשְׁתָּ פְגָרָיו
בַּלַּיְלָה כָּרַע בֵּל וּמַצָּבוֹ כְּאִישׁוֹן לַיְלָה
לְאִישׁ חֲמוּדוֹת נִגְלָה רָז חֲזוֹת לַיְלָה.
וַיְהִי בַּחֲצִי הַלַּיְלָה.

מִשְׁתַּכֵּר בִּכְלֵי קֹדֶשׁ נֶהֱרַג בּוֹ בַּלַּיְלָה
נוֹשַׁע מִבּוֹר אֲרָיוֹת פּוֹתֵר בְּעִתּוּתֵי לַיְלָה
שִׂנְאָה נָטַר אֲגָגִי וְכָתַב סְפָרִים בַּלַּיְלָה.
[וַיְהִי בַּחֲצִי הַלַּיְלָה.]

עוֹרַרְתָּ נִצְחֲךָ עָלָיו בְּנֶדֶד שְׁנַת לַיְלָה
פּוּרָה תִדְרוֹךְ לְשׁוֹמֵר מַה מִּלַּיְלָה
צָרַח כַּשּׁוֹמֵר וְשָׂח אָתָא בֹקֶר וְגַם לַיְלָה.
וַיְהִי בַּחֲצִי הַלַּיְלָה.

קָרֵב יוֹם אֲשֶׁר הוּא לֹא יוֹם וְלֹא לַיְלָה
רָם הוֹדַע כִּי לְךָ יוֹם אַף לְךָ לַיְלָה
שׁוֹמְרִים הַפְקֵד לְעִירְךָ כָּל הַיּוֹם וְכָל
לַיְלָה תָּאִיר כְּאוֹר יוֹם חֶשְׁכַת לַיְלָה.

אֹמֶץ גְּבוּרוֹתֶיךָ הִפְלֵאתָ בַּפֶּסַח
בְּרֹאשׁ כָּל מוֹעֲדוֹת נִשֵּׂאתָ פֶּסַח
גִּלִּיתָ לְאֶזְרָחִי חֲצוֹת לֵיל פֶּסַח.
וַאֲמַרְתֶּם זֶבַח פֶּסַח.

דְּלָתָיו דָּפַקְתָּ כְּחוֹם הַיּוֹם בַּפֶּסַח
הִסְעִיד נוֹצְצִים עֻגוֹת מַצּוֹת בַּפֶּסַח
וְאֶל הַבָּקָר רָץ זֵכֶר לְשׁוֹר עֵרֶךְ פֶּסַח.
וַאֲמַרְתֶּם זֶבַח פֶּסַח.

זֹעֲמוּ סְדוֹמִים וְלֹהֲטוּ בָאֵשׁ בַּפֶּסַח
חֻלַּץ לוֹט מֵהֶם וּמַצּוֹת אָפָה בְּקֵץ פֶּסַח
טִאטֵאתָ אַדְמַת מוֹף וְנוֹף בְּעָבְרְךָ בַּפֶּסַח.
וַאֲמַרְתֶּם זֶבַח פֶּסַח.
יָהּ רֹאשׁ כָּל אוֹן מָחַצְתָּ

---

at the beginning of the watches of this night;
you made the righteous convert victorious because he had a divided night.   *f. 43b*
> It came to pass at midnight.

You judged the king of Gerar in a dream at night;
you frightened the Aramean on the day before at night;
Israel fought with God and prevailed at night.
> It came to pass at midnight.

The firstborn sons of Patros you struck in the middle of the night;
they could not find their strength when they arose at night;
the power of Harosheth's captain you destroyed with the stars at night.
> It came to pass at midnight.

A blasphemer planned to sweep away the shrine, but you confused his corpses   *f. 44a*
at night; Bel and his statue fell down at the dead of night;
the visions' mystery was revealed to the virtuous man at night.
> It came to pass at midnight.

He who made himself drunk with the sacred vessels was slain on that same night;
the man saved from the lions' den interpreted the terrors of night;
the Agagite stored up hatred and wrote missives at night.
> It came to pass at midnight.

You roused your victory over him when his slumber fled at night;   *f. 44b*
you will tread the winepress for the guard who asks: 'What of the night?';
crying like the watchman and musing: 'Morning comes as well as the night'.
> It came to pass at midnight.

Bring near the day which is neither day nor night;
declare, exalted One, that you own both day and night;
appoint guardians for your city throughout the day, throughout   *f. 45a*
the night. You will shine as the day illumines the black of night.

The strength of your miraculous powers you revealed at Passover;
first of all appointed times you exalted the Passover;
you revealed yourself to the Ezrahite at midnight on Passover.
> You shall say: 'This is the offering of Passover'.

You knocked on his door in the heat of the day at Passover;   *f. 45b*
he refreshed the winged beings with unleavened cakes on Passover;
he ran to the herd, a reminder of the cattle offered at Passover.
> You shall say: 'This is the offering of Passover'.

The Sodomites were engulfed with wrath and burnt with fire on Passover;
Lot was saved from them and baked unleavened bread at the end of Passover;
you swept through the land of Moph and Noph as you passed by on Passover.
> You shall say: 'This is the offering of Passover'.

Lord, you smote their prime strength

גֵּר צֶדֶק. אברהם. נתת לו נצחון על המלכים. אֲרַמִּי.
לבן הארמי ויוכח אמש. יָשַׂר לְאֵל. כי שרית עם
אלהי' וישר עם מלאך ויוכל לו. טִיסַת. זו עפיפת
שמהר כצבי. נְגִיד. סיסרא. מֵחֲרֹשֶׁת. הגרים.
סִלִּיתָ. הכוכבים ממסילותם. מְחָרֵף. זה סנחריב
דכתי' אשר שלח לחרף את חי. לְנוֹפֵף. ינופף ידו
על ציון שנ' בה כי בחר יי בציון איוה למושב לו
שהניף ידו להלחם עליה. הוֹבַשְׁתָּ פְגָרָיו. והנה
כולם פגרים מתים. כָּרַע בֵּל. דכתי' כרע בל קרס
נבו. ע"ז של בבל. וּמַצָּבוֹ. על שנגלו לדניאל.
מִשְׁתַּכֵּר בִּכְלֵי קוֹדֶשׁ. (בלטשצר ביה בלליא
קטיל) בה בלליא קטיל באשצר. נוֹשַׁע מִבּוֹר
אֲרָיוֹת. שהשליך דניאל בגוב אריות. בור תרגומו
גובא. פּוֹתֵר חזיונות שבעתותי לילה. שִׂנְאָה נָטַר
המן האגגי וכתב ספרים לאבד גומ'. ע"א. זה
שמשי ספרא בן המן דכתי' בעזרא שהיד מוחק
זכות מרדכי. פּוּרָה תִדְרוֹךְ. פאורות של אדום
ענביה. לְשׁוֹמֵר מלילה. אדום. צָרַח כַּשּׁוֹמֵר וְשָׂח.
דבר. רָם הוֹדַע(ו)ע. ולא הודיע כי הוא לשון
עתיד. בְּרֹאשׁ כָּל מוֹעֲדוֹת. ענינו פסח מוקדש
לכל מועדות אחר שבת בפר' אמר אל הכהנים.
אֶזְרָחִי. אברהם משכיל לאיתן האזרחי. חֲצוֹת

The righteous convert Abraham. You gave him victory over the kings [cf. *Gen.* 14]. **The Aramean**   *f. 43b*
Laban the Aramean. '[God] gave judgment the day before' [*Gen.* 31:42]. **[Israel] fought with God** 'For you
have wrestled with God' [*Gen.* 32:29]. 'You wrestled with an angel and prevailed' [cf. *Hos.* 12:5]. **You destroyed**
[*tisat*] Suddenly, for he hastened like a deer. **Captain** Sisera, who came **from Harosheth**-goyim [*Jud.* 4:2]. **You**
destroyed [*silita*] With the stars in their courses [*mimesilotam*] [*Jud.* 5:20]. **A blasphemer** Sennacherib,   *f. 44a*
as it is written, 'Who has sent to blaspheme the living God' [*Is.* 37: 17]. **To sweep away** He swept his hand
over Zion [cf. *Is.* 10:32]: 'For the Lord has chosen Zion. He desired it as a dwelling for himself'
[*Ps.* 132:13]. [Sennacherib] swept his hand over it, to fight against it. **You confused his corpses**
For they all became dead corpses. **Bel . . . fell down** As it is written, 'Bel falls down, Nebo
stoops low' [*Is.* 46:1]: the idols of Babylon. **And his statue** [The vision's mystery was] revealed to Daniel.
He who made himself drunk with the holy vessels Belshazzar 'in that very night
was slain' [*Dan.* 5:30]. **Saved from the lions'**
den For he had thrown Daniel into the den [*gov*] of lions. *Bor* [den] is rendered in Aramaic
guba [*Dan.* 6:17]. **He interpreted** visions which were in 'the terrors of night'. Haman the Agagite stored up
hatred, and wrote missives to destroy [cf. *Esther* 3:13]. Another possibility is that this refers to
Shimshai, the scribe, son of Haman, who is mentioned in *Ezra* [4:8], and who blotted out
the merit of Mordecai. **You will tread the winepress** The vines of Edom,   *f. 44b*
her grapes. **The guard** [asks 'What] of the night?' [The night of] Edom. **Crying like the watchman and musing**,
which means, speaking. **Declare** [*hoda*], and not *hodia* [He has declared], because it refers to
the future. **First of all appointed times** Passover is sanctified   *f. 45a*
above all the appointed times, except for the Sabbath, in the *parashah Emor* [cf. *Lev.* 23:4–5].
Ezrahite Abraham. 'Maskil of Ethan the Ezrahite' [*Ps.* 89:1]. **At midnight**

בְּלֵיל שִׁמּוּרִים פֶּסַח
כַּבִּיר עַל בֵּן בְּכוֹר פָּסַחְתָּ בְּדַם פֶּסַ׳
לְבִלְתִּי תֵּת מַשְׁחִית לָבֹא בִּפְתָחַי בַּפֶּסַח
וַאֲמַרְתֶּם זֶבַח פֶּסַח.
מְסֻגֶּרֶת סֻגָּרָה בְּעִתּוֹתֵי פֶּסַח
נִשְׁמְדָה מִדְיָן בִּצְלִיל שְׂעוֹרֵי עוֹמֶר פסח
שׂוֹרְפוּ מִשְׁמַנֵּי פּוּל וְלוּד בִּיקַד יְקוֹד פֶּסַח
וַאֲמַרְתֶּם זֶבַח פֶּסַח.
עוֹד הַיּוֹם בְּנוֹב לַעֲמוֹד
עַד גָּעָה עוֹנַת פֶּסַח
פַּס יָד כָּתְבָה לְקַעֲקֵעַ צוּל בַּפֶּסַ׳
צָפֹה הַצָּפִית עָרוֹךְ הַשֻּׁלְחָן בַּפֶּסַ׳
וַאֲמַרְתֶּם זֶבַח פֶּסַח.
קָהָל כִּנְּסָה הֲדַסָּה צוֹם לְשַׁלֵּשׁ בַּפֶּסַח
רֹאשׁ מִבֵּית רָשָׁע מָחַצְתָּ
בְּעֵץ חֲמִשִּׁים בַּפֶּסַח
שְׁתֵּי אֵלֶּה רֶגַע תָּבִיא לְעוּצִית בַּפֶּסַח
תָּעֹז יָדְךָ וְתָרוּם יְמִינְךָ כְּלֵיל
הִתְקַדֵּשׁ חַג פֶּסַח

on the night to be observed, Passover;
mighty One, you passed over your own firstborn, because of the blood of Passover;
not allowing the destroyer to come in my doors on Passover. *f. 46a*
You shall say: 'This is the offering of Passover'.
The city was closely besieged at the time of Passover;
Midian was destroyed by a cake of barley from the *omer* of Passover;
the chiefs of Pul and Lud were consumed by fire at Passover.
You shall say: 'This is the offering of Passover'.
They tarried in Nob
until the advent of Passover;
a man's hand wrote an inscription, meaning destruction on Passover;
you made him see it when the table was spread on Passover.
You shall say: 'This is the offering of Passover'. *f. 46b*
Hadassah assembled the community for a triple fast on Passover;
the head of a wicked house you smote on a
fifty-foot tree on Passover;
these two things you will suddenly bring on the Uzzite on Passover;
you will strengthen your hand, and raise your right arm on the eve of the
sanctification of the Feast of Passover.

כִּי לוֹ נָאֶה כִּי לוֹ יָאֶה.
אַדִּיר בִּמְלוּכָה בָּחוּר כַּהֲלָכָה
גְּדוּדָיו יֹאמְרוּ לוֹ לְךָ וּלְךָ לְךָ אַף לְךָ
לְךָ כִּי לְךָ לְךָ יְיָ הַמַּמְלָכָ׳. כִּי לוֹ נָאֶ׳ כִּי לוֹ יָאֶ׳.
דָּגוּל בִּמְלוּכָה הָדוּר כַּהֲלָכָה
וָתִיקָיו יֹאמְרוּ לוֹ לְךָ וּלְךָ לְךָ אַף לְךָ
לְךָ כִּי לְךָ לְךָ יְיָ הַמַּמְלָכָ׳. כִּי לוֹ נָאֶ׳ כִּי ל׳ יָיֶ׳.
זַךְ בִּמְלוּכָה חָסִין כַּהֲלָכָה
טַפְסְרָיו יֹאמְרוּ לוֹ לְךָ וּלְךָ לְךָ אַף לְךָ
לְךָ כִּי לְךָ לְךָ יְיָ הַמַּמְלָכָה. כִּי לוֹ נָאֶה כִּי לוֹ יָאֶה.
יָחִיד בִּמְלוּכָה כַּבִּיר כַּהֲלָכָה
לִמּוּדָיו יֹאמְרוּ לוֹ לְךָ וּלְךָ לְךָ אַף לְךָ
לְךָ כִּי לְךָ לְךָ יְיָ הַמַּמְלָכָה. כִּי לוֹ נָאֶה כִּי לוֹ יָאֶה.
מֶלֶךְ בִּמְלוּכָה נָאוֹר כַּהֲלָכָה
סְבִיבָיו יֹאמְרוּ לוֹ לְךָ וּלְךָ לְךָ אַף לְךָ
לְךָ כִּי לְךָ לְךָ יְיָ הַמַּמְלָכָה. כִּי לוֹ נָאֶה כִּי לוֹ יָאֶה.
עִזּוּז בִּמְלוּכָה פּוֹאֵר כַּהֲלָכָה
צְבָאָיו יֹאמְרוּ לוֹ לְךָ וּלְךָ לְךָ אַף לְךָ
לְךָ כִּי לְךָ לְךָ יְיָ הַמַּמְלָכָה. כִּי לוֹ נָאֶה כִּי לוֹ יָאֶה.
קָדוֹשׁ בִּמְלוּכָה רַחוּם כַּהֲלָכָה
שִׁנְאַנָּיו יֹאמְרוּ לוֹ לְךָ וּלְךָ (ו)לְךָ אַף לְךָ

For him it is fitting, for him it is right. *f. 47a*
Mighty in kingship, chosen by right;
to him his forces say: Yours, yes, yours; yours, even yours;
yours, truly yours; yours, O Lord, is dominion. For him it is fitting, for him it is right.
Distinguished in kingship, glorified by right;
to him his devotees say: yours, yes, yours; yours, even yours;
yours, truly yours; yours, O Lord, is dominion. For him it is fitting, for him it is right.
Pure in kingship, powerful by right;
to him his courtiers say: yours, yes, yours; yours, even yours; *f. 47b*
yours, truly yours; yours, O Lord, is dominion. For him it is fitting, for him it is right.
Single in kingship, strong by right;
to him his scholars say: yours, yes, yours; yours, even yours;
yours, truly yours; yours, O Lord, is dominion. For him it is fitting, for him it is right.
King in kingship, resplendent by right;
to him his attendants say: yours, yes, yours; yours, even yours;
yours, truly yours; yours, O Lord, is dominion. For him it is fitting, for him it is right.
Stalwart in kingship, wonderful by right; *f. 48a*
to him his powers say: yours, yes, yours; yours, even yours;
yours, truly yours; yours, O Lord, is dominion. For him it is fitting, for him it is right.
Holy in kingship, merciful by right;
to him his ministers say: yours, yes, yours; yours, even yours;

ליל פסח. ויחלק עליהם הלילה. **הסעיד.** סעודה. **נוצצים.** של אש. **זכר** ערך לשור פסח. דכתי׳ וזבחת פסח ליי אלהיך צאן ובקר. שחגיגה באה עם הפסח. **באש פסח.** בזמן פסח. **חולץ.** נמלט. **טאטאת.** במטאטא השמ׳. **אדמת מוף ונוף.** מצרים מצרים תקבצם (ו)מוף תקברם (ביחזקאל) [בהושע]. **מסוגרת.** יריחו כשעשו הפסח בגלגל. **משמני.** במשמ׳ רזון. **פול ולוד.** סנחריב. **געה.** תגיע. **לקעקע צול.** בבל האומר לצולה חרבי. **צפה הצפית.** שהיה בלשצר רואה לפס יד כשהיה יושב על שולחנו. **קהל כנסה** אסתר. לך כנוס [את] כל היהודי׳. בפסח היה דכתי׳ ויעבור מרדכי. מלמד שעבר יום טוב ראשון של פסח בתענית. **ראש מבית רשע.** המן. **שתי אלה רגע.** כ״ה בישעי׳ (שתי אלה רגע יבא לך) [ותבאנה לך שתי אלה רגע ביום אחד] שכול ואלמון. **לעוצית.** מבני עשו דכתי׳ ששי ושמחי בת אדום יושבת בארץ עוץ. ולא זהו דכתי׳ בבני שם ובני ארם עוץ וחול. ולא דכתי׳ עוץ בכורו. ובני עשו כתיב ובני דישן עוץ.

on Passover 'The night was divided upon them' [cf. *Gen.* 14:15]. **He refreshed [*his'id*]**, with a meal [*se'udah*]. **The winged beings** of fire. **A reminder** of the cattle offered at Passover, as it is written, 'Sacrifice the Passover offering to the Lord, your God – flock and herd' [*Deut.* 16:2], so the festal offering came with the Passover offering. **With fire on Passover** It was at Passover-time. **Was saved [*ḥulats*]** means, he escaped. **You swept through** 'with the broom of destruction' [*Is.* 14:23]. **The land of Moph and Noph** Egypt. 'Egypt shall gather them, Moph shall bury them' in *Hosea* [9:6]. *f. 45b*
The city was closely besieged Jericho, when they observed the Passover at Gilgal [cf. *Jos.* 4:10]. *f. 46a*
The chiefs [*mishmane*] 'Among his fat ones [*mishmanav*] leanness' [*Is.* 10:16]. **Pul and Lud** Sennacherib [cf. *Is.* 66:19]. **Advent [*ga'ah*]** Like *tagi'a* [it arrives]. **An inscription meaning destruction [*tsul*]** Referring to Babylon. 'Who says to the deep [*tsulah*]: Be dry' [*Is.* 44:27]. **You made him see it** Belshazzar saw the hand while he was seated at his table. **[Hadassah] assembled the community** [Esther said] 'Go, gather all the Jews' [*Esther* 4:16]. This happened on Passover, since it is written 'Mordecai passed' [*Esther* 4:17], which teaches that he passed the first day of Passover in fasting. **The head of a wicked house** Haman. **These two things . . . suddenly** So in *Isaiah* [47:9]: 'These two things shall come upon you suddenly in one day, loss of children and widowhood'. **On the Uzzite** Of the descendants of Esau, as it is written, 'Rejoice and be glad, daughter of Edom, who lives in the land of Uz' [*Lam.* 4:21]. He is not to be identified with the descendants of Shem, namely, 'The sons of Aram: Uz and Hul' [*Gen.* 10:23]; nor with 'Uz, his firstborn' [*Gen.* 22:21]; but with the descendants of Esau, of whom it is written, 'The children of Dishan: Uz . . . ' [*Gen.* 36:28]. *f. 46b*

ס ל י ק.

T H E E N D

לְךָ כִּי לְךָ לְךָ יְיָ הַמַּמְלָכָה. כִּי לוֹ נָאֶה כִּי לוֹ יָאֶה.
תַּקִּיף בִּמְלוּכָה תָּמִים כַּהֲלָכָה
תְּמִימָיו יֹאמְרוּ לוֹ לְךָ וּלְךָ לְךָ אַף לְךָ לְךָ
כִּי לְךָ לְךָ יְיָ הַמַּמְלָכָה.

yours, truly yours; yours, O Lord, is dominion. For him it is fitting, for him it is right.
Potent in kingship, perfect by right;
to him his pious ones say: yours, yes, yours; yours, even yours; yours, *f. 48b*
truly yours; yours, O Lord, is dominion.

לשנה הבאה בירושלם.

Next year in Jerusalem.

בָּרוּךְ אַתָּה יְיָ אֱלֹהֵינוּ מֶלֶךְ הָעוֹלָם
בּוֹרֵא פְּרִי הַגֶּפֶן. אָמֵן.

Blessed are you, O Lord, our God, king of the universe, *f. 49a*
who create the fruit of the vine. Amen.

אַדִּיר הוּא יִבְנֶה בֵּיתוֹ בְּקָרוֹב.
בִּמְהֵרָה בִּמְהֵרָה בְּיָמֵינוּ בְּקָרוֹב.
בְּקָרוֹב. אֵל בְּנֵה אֵל בְּנֵה בְּנֵה בֵּיתוֹ
בְּקָרוֹב. בְּקָרוֹב.

בָּחוּר	גָּדוֹל	דָּגוּל
הָדוּר	וָתִיק	זַךְ
חָסִין	טוֹב	יָחִיד
כַּבִּיר	לִמּוּדָיו	מֶלֶךְ
נָעִים	סוֹבֵל	עִזּוּז
פּוֹדֶה	צַדִּיק	קָדוֹשׁ
רַחוּם	שׁוֹפֵט	תַּקִּיף

הוּא יִבְנֶה בֵּיתוֹ בְּקָרוֹב.
בִּמְהֵרָה בִּמְהֵרָה בְּיָמֵינוּ בְּקָרוֹב.
בְּקָרוֹב. אֵל בְּנֵה אֵל בְּנֵה בְּנֵה בֵּיתוֹ
בְּקָרוֹב. בְּקָרוֹב.

Mighty is he. He will build his house soon, *f. 49b*
speedily, speedily in our days, soon,
soon. God, build; God, build; build his house
soon, soon.

Chosen	Great	Distinguished
Glorious	Ancient	Pure
Powerful	Good	Unique
Strong	Learned	King
Pleasant	Patient	Stalwart
Redeemer	Righteous	Holy
Merciful	Judge	Potent

He will build his house soon,
speedily, speedily, in our days, soon,
soon. God, build; God, build; build his house
soon, soon.

The reproduction of the manuscript follows the order of the Hebrew text from right to left, and begins on page 138.

The scribe's colophon appearing on f. 48b

י עצני לבי להשיב לשו——————אל
ו יאמר מי צייר את——————אל
א ענהו אני הוא וייבש הנרשם יו——————אל
ל ר׳ יעקב מתתיה שי׳ עולם בן מהר׳ז איש——לאל

[J] My heart counsels me to reply to him who asks
[O] And says, 'Who painted these [pages]?'
[E] I shall answer him: 'I am he, Feibusch, called Joel,
[L] For Jacob Mattathias, *may he live long, the son of MHRZ, a pious man.

*or 'a permanent gift'.

אדיר הוא יבנה ביתו בקרוב במהרה
במהרה בימינו בקרוב אל
בנה אל בנה בנה ביתו בקרוב

בחור גדול דגול
הדור ותיק זך
חסיד טוב יחיד
כביר למוד מלך
נגיב סגל עזוז
פודה צדיק קדוש
רחום שופט תקיף

הוא יבנה ביתו בקרוב במהרה
במהרה בימינו בקרוב בקרוב
אל בנה אל בנה בנה ביתו בקרוב
בקרוב

49

ייי אלהינו

מלך העולם

בורא פרי

הגפן אמן

ה [illegible] יאמרו לו לך ולך

לך כי לך לך אף לך לך ה׳ הממלכה

לשנה הבאה

בירושלם

יתנני לבי להטיב לשון אל

ויאמר מי יעיר זאת אל

ועננו אנו חיים ויבטש הדרשנו י׳ אל

ר׳ יעקב ולהצלה שר׳ שלום בן מהר״ר איש ואו״ל

ברו אתה

48

עזוז במלוכה פואר
כהלכה
צדיקיו יאמרו לו לך ולך לך
אף לך לך כי לך לך יי הממלכה
כי לו נאה כי לו יאה

קדוש במלוכה רחום
כהלכה
שנאניו יאמרו לו לך ולך לך
אף לך לך כי לך לך יי הממלכה
כי לו נאה כי לו יאה

תקיף במלוכה תמיך
כהלכה

אף לך לך כי לך לך יי׳ הממלכה

כי לו נאה כי לו יאה

יחיד במלוכה כביר

כהלכה

למודיו יאמרו לו לך ולך לך

אף לך לך כי לך לך יי׳ הממלכה

כי לו נאה כי לו יאה

מושל במלוכה נורא

כהלכה

סביביו יאמרו לו לך ולך לך

אף לך לך כי לך לך יי׳ הממלכה

כי לו נאה כי לו יאה

כי לו נאה כי לו יאה

אדיר במלוכה בחור כהלכה

גדודיו יאמרו לו לך ולך

לך כי לך לך אף לך לך ה׳ הממלכה כי לו נאה כי לו יאה

דגול במלוכה הדור כהלכה

ותיקיו יאמרו לו לך ולך לך

לך כי לך לך אף לך לך ה׳ הממלכה כי לו נאה כי לו יאה

זכאי במלוכה חסין כהלכה

טפסריו יאמרו לו לך ולך לך

ואמרתם זבח פסח

ק הל כנסה הדסה צום
לשלש ב פסח

ר אש מבית רשע מחצת
בעץ חמשים ב פסח

ש תי אלה רגע תביא לעו
לעוצית ב פסח

ת עז ידך ותרום ימינך כליל
התקדש חג פסח

קהל כנסה הדסה צום כנוס
של היהודי' בפסח היה [illegible]
[illegible]
שעבר יום טוב ראשון של
פסח בתענית [illegible]
[illegible] רשע. המן. שתי
[illegible]
[illegible]
[illegible]

בפתחי ב פסח

ואמרתם זבח פסח

מסוגרת סוגרה בעתותי פסח

מסוגרת· יריחו כמו שעשו
הפסח קלוי· אשרוני·
מישו׳ הזון· פול ולוד·
סנחרב·

נשמדה מדין בצליל

שעורי עומר פסח

שורפו משמני פול ולוד

ביקד יקוד פסח

ואמרתם זבח פסח

עוד היום בנוב לעמוד פסח

עד געה עונת

געה· תגיע· לקעקע צול
צל האוויר ושלה חירש·
צפה הצפית· שהיה
לשלט חזה ופסר כי
מהיה יושב על השלחן

פס יד כתבה לקעקע צול ב פס׳

צפה הצפית ערוך השלחן ב פס׳

ד לתיו דפקת כחום היום ב פסח

ה סעיד נוצצים עוגות מצות ב פסח

ו אל הבקר רץ זכר לשור ערך פסח

ואמרתם זבח פסח

ז ועמו סדומים ולוהטו באש פסח

ח ולץ לוט מהם ומצות אפה בקץ פס׳

ט אטא אדמת מוף ונוף בעברך ב פס׳

ואמרתם זבח פסח

י ה ראש כל און מחצת בליל

שמורים פסח

כ ביר על בן בכור פסחת בדם פס׳

ל בלתי תת משחית לבא בפ

הסעיד סעודה · עוגות של
מצות זה ענין לשורפסח
ומצות פסח ...
וכן שהקב״ה כמו עם הפסח ·

מוש פסח · מאן פסח · ח
חולץ מלוט · טאטאת · ט
מטאטאי השמ׳ · ואדות
אוני ונוף · אצרים · אצרים
מכלם ואוני הקרם מח
· בחוקל ·

כל היום וכל הלילה

תאיר כאור יום חשכת לילה

אומץ

גבורותיך הפלאת בפסח

בראש כל מועדות נשאת פסח

גלית לאזרחי חצות ליל פסח

ואמרתם זבח פסח

בראש כל מועדות. עניין פסח
מוקדש לכל מועדות. אחר שכת'
בפ' אמור אל הכהנים. אזרחי
אברהם · שנא' לאיתן האזרחי
חצות ליל פסח · ויחלק עליהם
הלילה

ע ורת נצחך עליו

בנדד שנת — לילה

פ ורה תדרוך לשומר

פורה תדרוך פירוש שואתם ענבה לשומר ולוה ואמר צרח כשומר ושח וכו׳

מה — מ לילה

צ רח כשומר ושח אתה

בקר וגם — לילה

ויהי בחצי הלילה

ק רב יום אשר הוא לא

יום ולא — לילה

ר ם הודע כי לך יום

רם הודע ולא הודע ב׳ הוא לשון עתיד

ואף לך — לילה

ש ומרים הפקד לעירך

יעץ מחרף לנפף אווי
הובשת פגריו ב לילה

אחוזי זה סנחריב דכתי׳ וישׁ׳ שלח לחרף אלהי׳ ...

כרע בל ומצבו באישון
לאיש חמודות נגלה
רז חזות לילה

מעל דכתי׳ מעל קדש ...

ויהי בחצי הלילה

משתכר בכלי קדש נהרג
בו ב לילה

נושע מבור אריות פותר
בעתותי לילה

שנאה נטר אגגי וכתב
ספרים ב לילה

אשתכר בכלי קודש בלטשצר בה
בליליא קטיל· נושע מבור אריות
שהשליך דניאל בגוב אריות· פותר
תעתועי חלמו· פותר חזיונות ...
שבעתותי לילה· שנאה שמר
המן האגגי וכתב ספרים ...

ג ר צדק נצחתו כנחלק לו לילה

ויהי בחצי הלילה

ד נת מלך גרר בחלום ה לילה

ה פחדת ארמי באמש לילה

ו ישרא' ישר לא' ויוכל לו לילה

ויהי בחצי הלילה

ז רע בכורי פתרוס מחצת

בחצי ה לילה

ח ילם לא מצאו בקומם ב לילה

ט יסת נגיד חרושת סלית

בכוכבי לילה

ויהי בחצי הלילה

ותפארת קדשה ומלכות ברכות
והודאות מעתה ועד עולם
ברוך אתה יי אל מלך גדול
בתשבחות אל ההודאות אדון
הנפלאות הבוחר בשירי זמר
מלך אל חי העולמים :

יו וזה נעסים שהפלוח לו
ליל פסח ״ גֿנוך

רוב
נסים
הפלאת
בלילה ״

בראש אשמורת זה הלילה ״

להודות להלל לשבח לפאר
לרומם להדר לברך לעלה
ולקלס על כל דברי שירות
ותשבחות דוד בן ישי עבדך מש
משיחך

ישתבח שמך לעד

מלכנו האל הגדול והקדוש המלך
בשמים ובארץ כי לך נאה
יי אלהינו ואלהי אבותינו ט
שיר ושבחה הלל וזמרה
עז וממשלה נצח גדלה תהלה

פי ישרים תת הלל
ובדברי צדיקים תת ברך
ובלשון חסידים תת רומם
ובקרב קדושים תת קדש

במקהלות

רבבות עמך בית ישראל ברנה
יתפאר שמך מלכנו בכל דור
ודור שכן חובת כל היצורים
לפניך יי אלהינו ואלהי אבותינו

קונה שמים וארץ ׀ ונהללך

ונשבחך ונברך את שם קדשך

כאמור לדוד ברכי נפשי את

ייי וכל קרבי את שם קדשו ׀

האל בתעצומות עזך הגדול

בכבוד שמך ׀ הגבור לנצח והנ

והנורא בנוראותיך ׀ המלך

היושב על כסא רם ונשא ׀

שוכן עד

מרום

וקדוש שמו ׀ וכתוב רננו צד

צדיקים בייי ׀ לישרים נאוה תהלה ׀

41

ויאמר ר׳ עזריה וקדש ויס

מעליה את שמר מלכנו ב׳

ל מה לך יהוה ובל לשוה לב

תשבועת בל ברד לד חברעים

קומה לבנה תשתחוה ובל

חובמה ודאורד בל קנוכלות

זמרו לשמר בבר שהובל

עזמיהכי דל מרעה דין מי במוה

בי דלעני מחזק ממני עב ו

אבוה מולד ובי רמה לדומי

ישוחקד ובי ישוד לד דאהם

הדרל המזר ודהרא קלק

אבותינו ועמנו | ממצרים גאלתנו
ייי אלהינו ומבית עבדים פדיתנו |
ברעב זנתנו ובשבע כלכלתנו מ
מחרב הצלתנו מדבר מלטתנו
ומחלים רעים רבים ונאמנים ד
דליתנו | עד הנה עזרונו רחמיך
ולא עזבונו חסדיך אלהינו ואל
תטשנו ייי אלהינו לנצח | על
כן אברים שפלגת בנו ורוח ונש
ונשמה שנפחת באפינו ולשון
אשר שמת בפינו | הן הם יודו
ויברכו וישבחו ויפארו וירוממ

והמשיח אלמים והמתיר אסו
אסורים והסומך נופלים והזוקף
כפופים לך לבדך אנחנו מודים:
אלו פינו מלא שירה כים ול
ולשונינו כהמון גליו ושפתותינו
במרחבי רקיע ועינינו כנשרי
כשמש וירח וידינו
שמים ורגלינו כאילות: אין א
אנו מספיקים להודות לך
יי׳ אלהינו ואלהי אבותינו ולברך
את שמך: על אחת מאלף א
אלף אלפי אלפים רבי רבבות
פעמים הטובות שעשית עם

מן העולם ועד העולם אתה
אל ומבלעדיך אין לנו מלך
גואל ומושיע פודה ומציל
ומפרנס ומרחם בכל עת צרה
וצוקה אין לנו מלך אלא
אתה: אלהי הראשונים והא
והאחרונים אלוה כל בריות
אדון כל תולדות המהלל
בכל התשבחות המנהג עולמו
בחסד ובריותיו ברחמים: ויי׳ ל
לא ינום ולא ישן המעורר
ישנים והמקיץ נרדמים והמ

הודו לאל השמים כי לע״ח

רננו צדיקים ביי׳ לישרים נאוה תהלה

נשמת

כל חי תברך את שמך יי׳ אז
אלהינו ורוח כל בשר תפאר
ותרומם זכרך מלכנו תמיד:

והעביר ישראל בתוכו כל״ח

ונער פרעה וחילו בים סוף כל״ח

למוליך עמו במדבר כל״ח

למכה מלכים גדולים כל״ח

ויהרג מלכים אדירים כל״ח

לסיחון מלך האמורי כל״ח

ולעוג מלך הבשן כל״ח

ונתן ארצם לנחלה כל״ח

נחלה לישראל עבדו כל״ח

שבשפלנו זכר לנו כל״ח

ויפרקנו מצרינו כל״ח

נתן לחם לכל בשר כל״ח

f. 38a

38

הודו לאדני האדנים כל״ח

לעשה נפלאות גדלות לבדו כל״ח

לעשה השמים בתבונה כל״ח

לרקע הארץ על המים כל״ח

לעשה אורים גדלים כל״ח

את השמש לממשלת ביום כל״ח

את הירח וכוכבים

לממשלות בלילה כל״ח

למכה מצרים בבכוריהם כל״ח

ויוצא ישראל מתוכם כל״ח

ביד חזקה ובזרוע נטויה כל״ח

לגזר ים סוף לגזרים כל״ח

ולשמך נעים לזמר כי מעול
ועד עולם אתה אל

ליוי כי טוב כי לעולם חסדו
הודו לאלהי האלהים כלח

37

חג בעבותים עד קרנות המזבח

א׳ : אלי אתה ואודך אלהי ארומ

ארוממך : א׳ : הודו ליי׳ כי טו

טוב כי לעולם חסדו : הודו׳

יהללוך יי׳ על

אלהינו

על כל מעשיך וחסידיך צדיקי׳

עושי רצונך ועמך בית ישר׳

ברנה יודו ויברכו וישבחו ויפו

ויפארו וירוממו ויעריצו ויקדישו וימלי

את שמך מלכנו כי לך טוב להודו׳

אנא יי הושיע נא

אנא יי הצליחה נא

אנא יי הצליחה נא

ברוך

הבא בשם יי ברכנוכם מבית ה

יי אל יי ויאר לנו אסרו

[illegible]

מן השמ יחידו ויחידי ב
מטרים ולשון יקלים בו
מעמם ממנו ותהם :
ואסרו חג בעבותים הנה
הזבחים והחגיגות שהיו
שהיו נקיים ומוקדשים
קושרים בכרעי מטותיהם
עד שיבואו לעזרה בין
קרנות המזבח ויש לפ'
ולפתור לסוף והודו ר
הנה זה לא מזמות מאחיה
בזד עשו יסר יסרני יה
מישה מת שמו כיסורי
שו והנביא ישלם שמעון
ושעה הראשים שמעו דוד
ואמרתו ותנבו שנא יה
יה האומר חשותיך ולא
תמות פתחו לי שערי צ
עוך אלו השערים שלמה
מסיותו מי חרשות ת
ושי הם ליו והצדיקים
מוים מהם זוך כי ענ
עניתני ואמן ואילך יוה
דוד ושאול וישי ואחיו
דה טוו שאפוש בע
מעכב פסחים זה
שאחר זה לא
יאחר זה

לא אמות כי אחיה · אני ו
עדת ישראל כשאר האו
אומות העולם · כי אחיה ·
והו · יסור יסרני בגלות
ושם משעבדם שעבודי ·
ולמות לא נתנני · פתחו לי
שערי צדק · ואילו הם שערי
צדק זה שערי בית המקדש
שהוא לייי והצדיקים יבואו
ושם אודך כי עניתני בגלות
אבן מאסו הבונים עם
שהיה שפל מכל האומות
...ת ייי היתה זאת
[illegible]

כי אחיה ואספר מעשה יה
יסור יסרני יה ולמות לא נתנני
פתחו לי שערי צדק אבא בם
אודה יה | זה השער לייי צדי
צדיקים יבאו בו | אודך כי ענ
עניתני ותהי לי לישועה | אודך
אבן מאסו הבונים היתה לרא
לראש פנה | אבן | מאת ייי ה
היתה זאת היא נפלאת בעינינו
מאת | זה היום עשה ייי נגילה
ונשמחה בו | זה היום

אנא ייי הושיעה נא

יי׳ לי בעזרי ואני אראה בשנאי

טוב לחסות ביי׳ מבטח באדם

טוב לחסות ביי׳ מבטח בנדיבי׳

כל גוים סבבוני בשם יי׳ כי אמיל׳

סבוני גם סבבוני בשם יי׳ כי אמיל׳

סבוני כדבורים דעכו באש קוצי׳

בשם יי׳ כי אמילם דחה דחיתני

לנפול ויי׳ עזרני עזי וזמרת

יה ויהי לי לישועה קול רנה

וישועה באהלי צדיקים ימין

יי׳ עשה חיל ימין יי׳ רוממה

ימין יי׳ עשה חיל לא אמות

[illegible]

[illegible]

[illegible]

יאמרו נא יראי

ייי כי לעלם

חסדו

מן

המיצר

קראתי

יה ענני

במרחב

יה ייי לי

לא אירא מה יעשה לי אדם

ואמת יי לעולם הללו יה

הודו ליי כי טוב

כי לעולם חסדו

יאמר נא ישראל

כי לעולם חסדו

יאמרו נא בית אהרן

כי לעולם חסדו

f. 34a

34

כל תגמולוהי עלי כוס ישועות
אשא ובשם יי אקרא נדרי
ליי אשלם נגדה נא לכל עמו
יקר בעיני יי המותה לחסידיו א
אנא יי כי אני עבדך בן אמתך
פתחת למוסרי לך אזבח זבח
תודה ובשם יי אקרא נדרי
ליי אשלם נגדה נא לכל עמו
בחצרות בית יי בתוככי ירושלם
הללויה : הללו
את יי כל גוים שבחוהו כל
האמים כי גבר עלינו חסדו

עדה שאלו עמו עד כל ע
עמו יקר בעיני יי׳ ומו׳
הרוגי הן שדם קשה וכב׳
וכבד הוא בעיניו להמית
את חסידיו המותה ה׳
המות. טו׳ והמתה החוט
עבדך בן אמתך מינוור
כי ... ואמה ...
הלקוח מן השוק ... ח
ומשפחת בית פתחת
למוסרי ... עשו
מוסרות ... זבח ת
תודה זבחי הודיה על ה
הנסים שעשית לי נדרי
קבעות שנדרתי בתוכ
בתוך כי גבר עלינו חסדו
... אשר גבר עלינו ה
חסדו ואמת יי׳ לעולם ש
ששמר ... שהבטיח
את האבות ה׳

לגוים ואומות העולם
ששעבדו בישר׳ להוו
אותם שלא שעבדו בהם
ודאי אם אותם ששעבדו
מקלסים אתו לא כש׳ ואו׳
ישרא׳ וזה הגוים מקלסי׳
אתו לכש׳ יתחילו ויאמרו
כי גבר עלינו חסדו או׳ ...
הארץ ואמת יי׳ לעולם לוי
... שקיים את
... את ...
... הארץ ...

f. 33b

חנך בלי צדיק ואלהינו מרחם
שומר פתאים יי דלותי ולי יה
יהושיע שובי נפשי למנוחיכי
כי יי גמל עליכי חלצת נפשי
ממות את עיני מן דמעה את
רגלי מדחי אתהלך לפני יי
בארצות החיים האמנתי כי א
דבר אני עניתי מאד אני א
מרתי בחפזי כל האדם כזב

אשיב
למ
מה

מראות החיים חזן ישמואל
ששמתו שם שבשוע ה
רפו אהבה כחי שאול
ועל טרם החזתי ברחועתי
כי אדם האותעו את רמי
עמו שחור על אפ־ מטבת
כשותב הם לך לשאר
לופיכמשת
יה האותעו
אותעה בוה
היתה לי כי
אפי כאחית
שחם ועברו
אחר היית
הואם שלו
ועם שלע
שחויר שות
תהיה ל ה
הולאמ־ בה
טוב הוא חין
האותע בה
הפונה זה
שאו שלאו
לא מוחיכי
בחם־ יקטע
ט נם מחזע
אחשמט ה
ההיית שע
שיהות בע
שחול אתב
קמיר ואחשע היתה
האותעו
שלאתב

אות רהת
וחו רחמת
קשאו עעטע
על אל אתוחי
בחם־ בום
רפם חפש־
בה אכם ל
טובאן בי
ויחתי רתו
ב אבקע ו
עטמי דלל
־ שאעלכ
אעלכ־מ
ליעובחתת
טובא זפק
האותע ל
לאבם ואו
ויואתמ־ן ל
הפיחטרת
טובנ מט־
ב זלשון
טובכחיו
חלו־ לשון
חסון אתב
אמות שמטח עלין
פלטרום לכי פרות
אשר לא יכבבאי־ וין ושמטמי־ אותמ
אב־ יחותו בחמ־ נם על האוחלקחת
על שהיו שאול ואשין עעוט אותי ת
ואת אעא לתפטף רטם מט־ זהרי
בחם־ זחם לרבם בבי שאול
הבוב שהוו חין לבבם אין הוא ט
טוב שאשחע
זל

33

המתים יהללו יה ולא כל יור
דֵי דומה ואנחנו נברך יה
מעתה ועד עולם הללויה

אהבתי

כי ישמע יי׳ את קולי תחנוני כי
הטה אזנו לי ובימי אקרא אפ
פוני חבלי מות ומצרי שאול
מצאוני צרה ויגון אמצא ובשם
יי׳ אקרא אנה יי׳ מלטה נפשי

אהבתי כי ישמע יי׳ · תאו
תי כי ישמע יי׳ קולי ·
ובימי אקרא ביום צרתי א
קראנו ובימי גאולתי א
שבחנו. חבלי מות. חב
רות אויבים המבקשי
להמיתני חבלי מות. חבלי
שאול כמו לשון חבורות
כן פירוש חבל נביאים ומצרי
שאול · גבולי שאול · מות
מוצאות החיים · ארץ ישר

ﭏ זכרנו

יברך יברך את בית ישראל
יברך את בית אהרן יברך יראי
ײ הקטנים עם הגדולים יסף
ײ עליכם עליכם ועל בניכם
ברוכים אתם לײ עשה שמי׳
וארץ׳ השמים שמים לײ והא
והארץ נתן לבני אדם לא ה

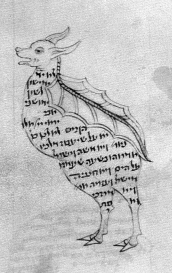

עצביהם כסף וזהב מעשה ידי
אדם פה להם ולא ידברו עינים
להם ולא יראו אזנים להם ולא
ישמעו אף להם ולא יריחון
ידיהם ולא ימישון רגליהם
ולא יהלכו ולא יהגו בגרונם
כמוהם יהיו עושיהם כל אשר
בוטח בהם ישראל בטח ביי' ע
עזרם ומגינם הוא בית אהרן
בטחו ביי' עזרם ומגינם הוא
יראי יי' בטחו ביי' עזרם ומג
ומגנם הוא

לפניהם לפח ולשלומים למוקש ׀ תרדוף
באף ותשמידם מתחת שמי יי׳ ׀ כי אכלו את
יעקב ואת נוהו השמו ״

לא לנו

לא לנו לא בשבילנו
ובשביל מעשינו כי
[illegible] שלך
יאמרו איה נא אלהיה׳

יי׳ לא לנו כי לשמך תן כבוד על
חסדך ועל אמתך למה יאמרו
הגוים איה נא אלהיהם ואלהינו
בשמים כל אשר חפץ עשה

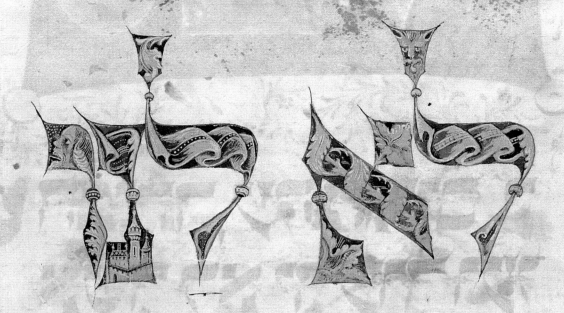

חמתך על הגוים
אשר לא ידעוך ועל
הממלכות אשר בשמך לא קראו

שפוך עליהם זעמיך
וחרון אפך ישיגם תהי טירתם נשמה
באהליהם אל יהי יושב תהי שלחנם

המשיח ולחיי העולם הבא מגדול ישו
ישועת מלכו ועושה חסד למשיחו לו
לדוד ולזרעו עד עולם עושה שלו
במרומיו הוא יעשה שלום עלינו
ועל כל ישראל ואמרו אמן ׀ צ

יראו את יי קדושיו כי אין מחסור ליראיו כפירים רשו
ורעבו ודורשי יי לא יחסרו כל ——— טוב״

סברי מרנן ורבותי״

ברוך אתה יי אלהינו מלך העולם בורא פרי הגפן ׀ צ״
אמן ׀

וישתו כולם בהסיבת שמאול״ ואחר כך מוזגין כוס רביעי והלל הגדול״ ויתחיל״

30

יברך אתנו כל אחד ואחד ממנו בשמו

הרחמן

הוא
יברך
אתנו
ואת כל אשר לנו כמו שנתברכו
אבותינו אברהם יצחק ויעקב
בכל מכל כל כן יברך אתנו כלנו
יחד בברכה שלימה ונאמר
אמן צ׳

במרום ילמדו

עליו ועלינו זכות שתהא למשמ
למשמרת שלום ונשא ברכה
מאת ייי וצדקה מאלהי ישענו
ונמצא חן ושכל טוב בעיני אל
אלהים ואדם צ׳

הרחמן הוא

יזכנו
לימות

לנו הוא גמלנו הוא גמלנו הוא יגמול
בעדנו לעד לחן לחסד לרחמים לרוח
והצלה והצלחה ברכה וישועה
פרנסה וכלכלה ורחמים וחיים
ושלום וכל טוב

הרחמן הוא ימלך עלינו

לעולם ועד " הרחמן הוא יתב
יתברך בשמים ובארץ " הרחמן הוא
ישתבח לדור דורים " הרחמן הו'
יתפאר בנו לנצח נצחים " הרחמ'
הוא יתהדר בנו לעד ולעולמי
עולמים " הרחמן הוא יפרנסנו
בכבוד " הרחמן הוא ישבור על
גוים מעל צוארינו הוא יוליכנו
קוממיות לארצנו " הרחמן הו'
ישלח ברכה מרבה בבית זה ועל
שלחן זה שאכלנו עליו " הרחמן הוא
ישלח לנו את אליהו הנביא זכור לטוב

ופקדנו בו לברכה | בנחמות ציון עירך
והושיענו בו לחיים | ובבניין ירושלם עיר
ובדבר ישועה ורחמי | קדשך כי אתה
חוס וחננו ורחם | הוא בעל הישועו
עלינו והושיענו ק | ובעל הנחמות
כי אליך עינינו כי א | ותבנה וכו
מלך חנון ורחום את | יי יי

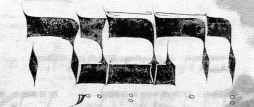

ותבנה

ירושלם עיר
הקדש במהר
בימינו ברוך
אתה יי מנחם ציון עירו בבניין ירושלם אמן

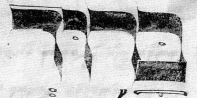

ברוך אתה

יי אלהינו מלך העולם התברך חי
לעד וקיים לנצח האל אבינו מלכנו
אדירנו גואלנו יוצרנו קדושנו קש
קדוש יעקב רוענו רועה ישראל הטוב והמטיב המלך
לכל א ש בכל יום ויום הוא הטיב מטיב יטיב

והרויחנו והרוח לנו יי׳ אלהינו מהרה מכל
צרותינו ונא אל תצריכנו יי׳ אלהינו לא לידי
מתנות בשר ודם ולא לידי הלואתם
אלא לידך ולא נבוש לעולם ועד

אלהינו רצה

ואלהי אבותינו יעלה
ויבא ויגיע יראה וירצ
וישמע ויפקד ויזכר
זכרוננו ופקדוננו וזכרון
אבותינו וזכרון משיח
בן דוד עבדך ירושלים וזכרון
עיר קדשך וזכרון כל
עמך בית ישראל לפני
לפליטה לטובה לחן
לחסד לרחמים לחיים
ולשלום את יום חג
המצות הזה זכרנו
יי׳ אלהינו בו לטובה

והחליצנו יי׳ אלהינו
במצותיך ובמצות
יום השביעי השבת
הגדול והקדוש הזה
כי הוא יום זה גדול
וקדוש הוא לפניך
לשבות בו ולנוח בו
באהבה כמצות
רצונך ברצונך הניח
לנו יי׳ אלהינו שלא
תהא צרה יגון ואנ
ואנחה ביום מנוחתנו
והראנו יי׳ אלהינו ב

28

ועל חיים חן וחסד ומזון שאתה זן ומ
ומזמן לנו תמיד בכל יום ובכל עת
ובכל שעה

ועל הכל

יי׳ אלהינו
אנו מודי
לך ומברכים אותך יתברך שמך בפי
כל חי תמיד לעולם ועד ככתוב וא
אכלת ושבעת וברכת את יי׳ אלהיך
על הארץ הטובה אשר נתן לך ברוך
אתה יי׳ על הארץ ועל המזון
אמן

רחם

יי׳ אלהינו עלינו
על ישראל עמך
ועל ירושלם עי
ירך ועל ציון משכן כבודך ועל
מלכות בית דוד משיחך ועל הבית
הגדול והקדוש שנקרא שמך עליו א
להינו אבינו רעינו זונינו פרנסינו וכלכלינו

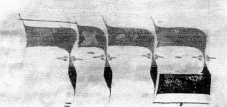

ברוך הוא

ברוך שמו ברוך אתה יי׳ אלהינו מלך
העולם הזן את העולם כלו בטובו
בחן בחסד וברחמים נותן לחם לכל בשר
כי לעולם חסדו ועמנו ובטובו הגדול
תמיד לא חסר לנו ואל יחסר לנו
מזון לעולם ועד בעבור שמו הגדול
כי הוא זן ומפרנס לכל ומטיב לכל
ומכין מזון לכל אשר ברא ברוך את׳
יי׳ הזן את הכל ״ צ

נודה לך

יי׳ אלהינו על
שהנחלת לא
לאבותינו ארץ חמדה טובה ורחבה
ותורת חיים ומזון ועל שהוציאתנו
יי׳ אלהינו מארץ מצרים ופדיתנו
מלבנו מבית עבדים ועל בריתך
שחתמת בבשרנו ועל תורתך שלי
שלמדתנו ועל חקי רצונך שהודעתנו

בריה

השלשית הגישה מריבנו ויאבל שלא מברכם
ויאמר זבר למקדש בהלל "ויאבלו מיד
המזנה ויקמו זה בלא טיבול ויש בנו אדם
שעושין טיבול בחרוסת "ונב יש מדולב שמה
שמן חוץ זבר "זה השלישית שלימיה עד למה
למחרב לקטוע עליה ברבת המרגיא ושושין
מכיבה מן הבצועית ויאבלו סעיבתן "ואחר
גמר הסעורה דגיא האפיקמן בחלק לכל
בני השרלוך פות ויאבלו ודרחצו יריהם
בלא ברבה "רימזוג כוס שלישי לברבת המזן
וישת הבעיל הבית הזה וברך "ויאמר

חיי אפיקון יבירי יעקו
ומטרה לחטה שאול אזי
טן ירולין וגלית י יוחטן
חוד כטן קליות וענבים

ולוים מחומעים אין דמן לה
ולחם טין לבך וכח בל ור
שורי קצ טהזה ויח לטטן
טיס ואו לאור חמן סוק ח
חטמי לטולחתירים הן המעוב
ומיכך חייב אם לטן

ברשה בפו

שאבלנו משלו "ברוד הוא שאבלנו משלו

וישתו כולם בהסיבת שמאל ׳ וירחצו כולם
ידיהם ויברכו על נטילת ידים שנטילה זו
חובה שהיא סמיכה לאכילה ׳ ויקח המצה
הראשונה ויברך עליה ברכת המוציא

ברוך אתה
יי׳ אלהינו
מלך העולם המוציא לחם מן הארץ
ולא יאכל עדין עד שיקח הכבושה ויברך עליה

ברוך אתה
יי׳ אלהינו
מלך העולם אשר קדשנו במצותיו וצונו
על אכילת מצה ׳ ויאכל משתיהן
ביחד ויחלק לכל המסובין ויאכלו כולם
בהסיבת שמאל ׳ ואחר יקח המרור
ויברך עליה

ברוך אתה
יי׳ אלהינו
מלך העולם אשר קדשנו במצותיו וצונו
על אכילת מרור ׳ וישבול
בחרוסת ויאכל בלא הסיבה ויחלק לכל בני
השלחן ׳ ואחר יקח מן המרור ומן המצה

מנע שלימה ראשונה ואחר המוציא
ואינו אוכל ואחר מנע הפרוסה כו׳
מאחר דכפתו הכל מודים במצ...
הפסח שמניח פרוסה בתוך שלימ׳
[illegible]

הבאים לקראתינו לשלום שמחים
בבנין עירך וששים בעבודתך
ונאכל שם מן הזבחים ומן הפסחים
אשר יגיע דמם על קיר מזבחך
לרצון ונודה לך שיר חדש על
גאולתינו ועל פדות נפשינו ברו׳
אתה יי׳ גאל ישראל ׃

ברוך אתה יי׳ אלהינו
מלך העולם בורא
פרי הגפן ׃ אמן ׃

חולי ארץ טרז
[illegible]
[illegible]

חולי ארץ מלפני אלה יעקב ההו
הופכי הצור אגם מים חלמיש
למעינו מים

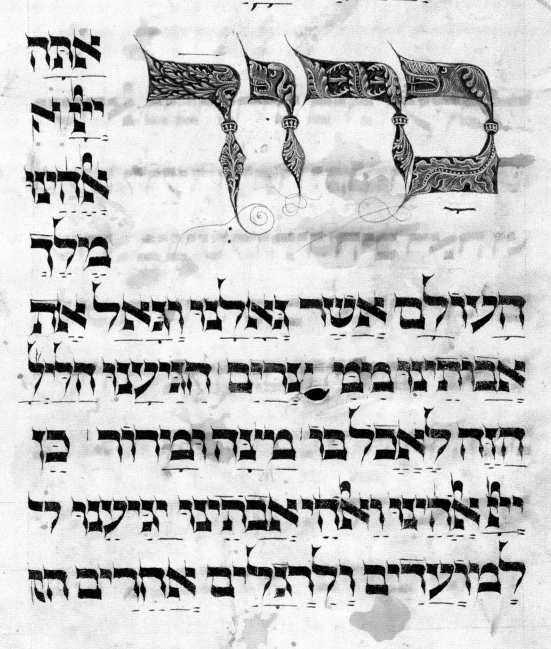

ברוך

אתה
יי א
להינו
מלך

העולם אשר גאלנו וגאל את
אבותינו ממצרים והגיענו הליל
הזה לאכל בו מצה ומרור כן
יי אלהינו ואלהי אבותינו יגיענו ל
למועדים ולרגלים אחרים הב

f. 25a

בצאת

ישראׄ ממצרים בית יעקב

מעם לועז היתה יהודה לקדשו

ישראׄ ממשלותיו הים ראה ו

וינס הירדן יסוב לאחור ההרים

רקדו כאילים גבעות כבני צאן

מה לך הים כי תנוס הירדן תסוב

לאחור ההרים תרקדו כאילים

גבעות כבני צאן מלפני אדון

הירדן
יסוב לאחור
[illegible]

הללו עבדי ייי הללו את שם
ייי יהי שם ייי מברך מעתה וע
ועד עולם ממזרח שמש עד
מבואו מהלל שם ייי רם על כל
גוים ייי על השמים כבודו מי
כייי אלהינו המגביהי לשבת
המשפילי לראות בשמים ובא
בארץ מקימי מעפר דל מא
מאשפות ירים אביון להושיבי
עם נדיבים עם נדיבי עמו מוש
מושיבי עקרת הבית אם הבנים
שמחה הללו יה

לשבח לפאר לרומם להדר ל
לברך לעלה ולקלס למי שעשה
לאבותינו ולנו את כל הנסים ה
האלו הוציאנו מעבדות לחרות
מיגון לשמחה ומאבל ליום
טוב ומאפלה לאור גדול ומ
ומשעבוד לגאלה ונאמר לפ
לפניו הללו יה

ברוך אתה יי אלהינו מלך העולם אשר קדשנו
במצותיו וצונו לקרוא את הלל

הללויה

לא את אבותינו גאל הקב״ה בל
לבד אלא אף אותנו גאל עמ
עמהם שנאמר ואותנו הוציא
משם למען הביא אותנו לתת ל
לנו את הארץ אשר נשבע ליי
לאבותינו

לפיכך

אנחנו חייבים להודות להלל ג

23

שאנו אוכלים על שום מה על
שום שמררו המצריים את חיי
אבותינו במצרים שנאמ' וימררו
את חייהם בעבודה קשה בחמר
ובלבנים את כל עבדתם אשר
עבדו בהם בפרך ׃

ב כל דור ודור חייב
אדם לראות את ע
עצמו כאלו הוא
יצא ממצרים שנאמר והגדת
לבנך ביום ההוא לאמר בעבור
זה עשה יי' לי בצאתי ממצרים ׃

על שום מה על שום שלא הס
הספיק בצקת של אבותינו ל
להחמיץ עד שנגלה עליהם
מלך מלכי המלכים הקב"ה
וגאלם שנאמר ויאפו את הב
הבצק אשר הוציאו ממצרים
עגות מצות כי לא חמץ כי גר
גרשו ממצרים ולא יכלו
להתמהמה וגם צדה לא עשו
להם

מרור זה

שבית המקדש קיים על שום
מה על שום שפסח המקום
על בתי אבותינו במצרים שנ'
ואמרתם זבח פסח הוא ליי' א
אשר פסח על בתי אבתינו בנ
במצרים בנגפו את מצרים ואת
בתינו הציל ויקד העם וישת'
וישתחוו ׃

ואמרתם זבח פסח וגו' שהאמיר
[illegible] פי' על שום מה ואמר
של פסח שפסח על בתי אבותי
במצרים [illegible] אתם פ
פוסחים וגו' [illegible] ושחית
המשחית בתי מצרים והוא
בת יהודי מדלגו פוסחי [illegible]
ומדלג כמו [illegible] וגו' והם פוסח
והמליט [illegible] בסנחריב
[illegible] וגו' והם על
ירושלם [illegible] שהם
המלך [illegible] של סנחריב
שהיו סביבות ירושלם והיתה
פוסחת ועומדת על ירושלם
[illegible] סנחריב
[illegible] שלשון פוסח [illegible]
[illegible] שפוסח [illegible]
[illegible]
[illegible]
[illegible]

מצה
זו ש
שאנו
אוכלין

ארבעים שנה והאכלנו את המן
ונתן לנו את השבת וקרבנו לפני
הר סיני ונתן לנו את התורה וה
והכניסנו לארץ ישראל ובנה
לנו את בית הבחירה לכפר על
כל עונותינו

בן גמליאל היה אומ
כל שלא אומר שה
שלשה דברים אלו
בפסח לא יצא ידי חובתו אלו
הן פסח מצה ומרור פסח שה
שהיו אבותינו אוכלים בזמן ש

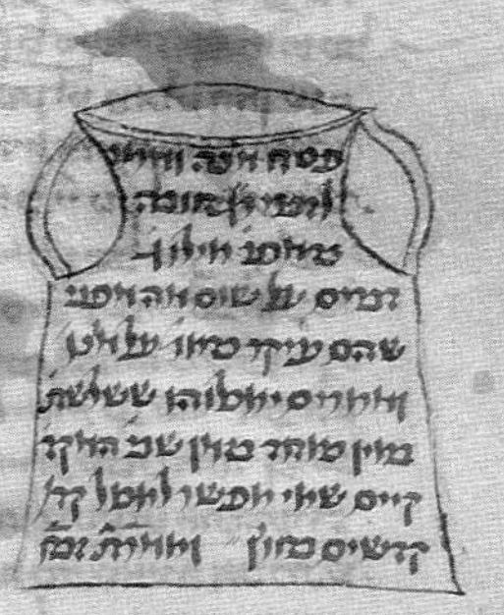

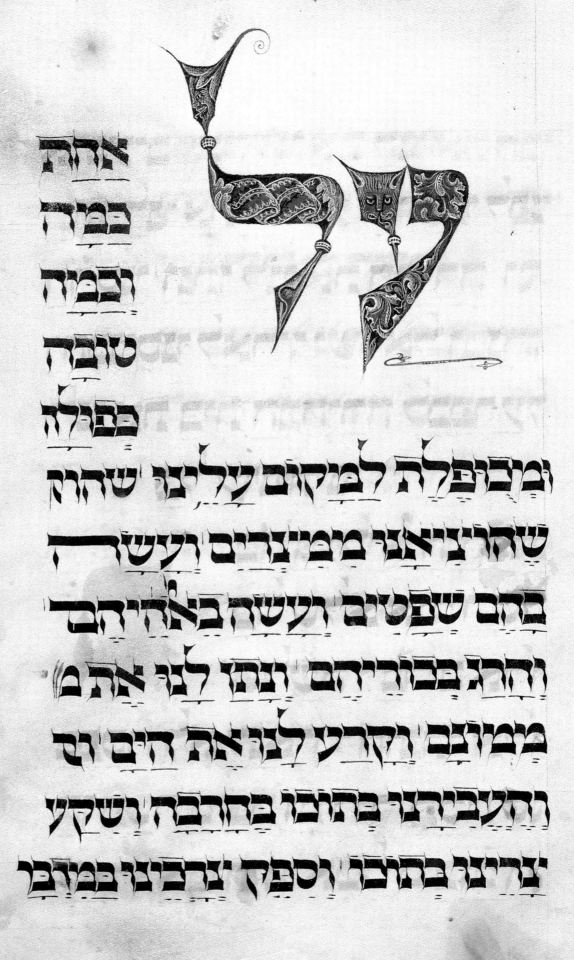

21

על

אחת

כמה

וכמה

טובה

כפולה

ומכופלת למקום עלינו שהוצ

שהוציאנו ממצרים ועשה

בהם שפטים ועשה באלהיהם

והרג בכוריהם ונתן לנו את מ

ממונם וקרע לנו את הים וה

והעבירנו בתוכו בחרבה ושקע

צרינו בתוכו וספק צרכינו במדבר

[illegible]

אלו   האכילנו את המן

ולא   נתן לנו את השבת   דיינו

אלו   נתן לנו את השבת

ולא   קרבנו לפני הר סיני   דיינו

אלו   קרבנו לפני הר סיני

ולא   נתן לנו את התורה   דיינו

אלו   נתן לנו את התורה

ולא   הכניסנו לארץ ישר   דיינו

אלו   הכניסנו לארץ ישר

ולא   בנה לנו את בית

הבחירה

דיינו

אלו קרע לנו את הים

ולא העבירנו בתוכו

בחרבה דיינו

אלו העבירנו בתוכו

בחרבה

ולא שקע צרינו בתוכו דיינו

אלו שקע צרינו בתוכו

ולא ספק צרכינו במדבר

ארבעים שנה דיינו

אלו ספק צרכי׳ במדבר

ארבעים שנה

ולא האכילנו את המן דיינו

אלו הוציאנו ממצרים

ולא עשה בהם שפטים דיינו

אלו עשה בהם שפטים

ולא עשה באלהיהם דיינו

אלו עשה באלהיהם

ולא הרג בכוריהם דיינו

אלו הרג בכוריהם

ולא נתן לנו את מ

ממונם דיינו

אלו נתן לנו את

ממונם

ולא קרע לנו את הים דיינו

רעים חמש אמור מעתה במצ
במצרים לקו חמשים מכות
ועל הים לקו מאתים וחמשים
מכות

כמה

מעלות טובות למקום
עלינו

אמור מעתה במצרים לקו
ארבעים מכות ועל הים לקו
מאתים מכות:

רבי עקיבא אומ׳ מנין
שכל מכה ומכה
שהביא הקב״ה על
המצריים במצרים היתה של
חמש מכות׳ שנאמר ישלח בם
חרון אפו עברה וזעם וצרה
משלחת מלאכי רעים׳ אפו
אחת׳ עברה שתים׳ וזעם שלש
וצרה ארבע משלחת מלאכי

ר׳ עקיבא חושב אפו עד
עברה וזעם וצרה והעביר
דבריו על ה׳ מכות מיום לא
ק לזה אמר אפו כמו שאמ׳
חרון לא של מכה היתה
של ה׳ מכות וה׳ פעמים
יהיו נ׳ ועיין הר׳ הגדולה
המצרי׳ ב׳ הרי ועד
היה דורש יותר ויתוך
הפסוק אלו ומתוך אחרי
ואידעות הסימנים שנתן
בהן ר׳ יהודה ועיין צ״ל
דצ״ך עד״ש באח״ב סימן
ואחר אלו הדרשות אחרי
ההגדה מכה אעלות
לו׳ אי אפשר לספר הטובה
שעשה לנו הקדוש ברוך
הוא

עֶשֶׂר מַכּוֹת אֱמוֹר מֵעַתָּה בְּמִ
בְּמִצְרַיִם לָקוּ עֶשֶׂר מַכּוֹת וְעַל
הַיָּם לָקוּ חֲמִשִּׁים מַכּוֹת

רַבִּי אֱלִיעֶזֶר אוֹמֵר מִנַּיִן
שֶׁכָּל מַכָּה וּמַכָּה
שֶׁהֵבִיא הַקָּבָּ"ה עַל
הַמִּצְרִיִּים בְּמִצְרַיִם הָיְתָה שֶׁל
אַרְבַּע מַכּוֹת שֶׁנֶּאֱמַר יְשַׁלַּח
בָּם חֲרוֹן אַפּוֹ עֶבְרָה וָזַעַם וְצָרָה
מִשְׁלַחַת מַלְאֲכֵי רָעִים עֶבְרָה
אַחַת וָזַעַם שְׁתַּיִם וְצָרָה שָׁלֹשׁ
מִשְׁלַחַת מַלְאֲכֵי רָעִים אַרְבַּע

רבי עקש באר ב

וזה בו יהודה לארבעה ... כל כלל הסאנים היית וזרע חורי חין חוקים ואוחי שהי דוד לא רטן כסדר הזה שהד כתחלה אור שלח חשך ... שלח חרם ... דם ... מדר הזה היו ... מליחה והיינו רסת ... הזה הקח כרך אשר חשעה מות הזלה ... אלוא שהזה ופמו מוותמת שלרך עשו מוחב ... רך עשו מוחב ... מלו התחוה וך מלו התחוה וך עד נ ... מאו שאי שוקה ושטה כשלאי כונסין אותו ... מלו התחוה ויומך פי זה פי אוזר לפי שהמשוים חלוקים נמין ב

לו התחוה וכן בנ כהתחוה וה לו התחוה תך
האוחמ אסך הל תך
וכן עולה הלך עשימו
חב וזוחר יוזת מכך
ויצבע של חיבריה לכן
טין נפס ר יהודה ס
מאעו חלו לזור שמלו
זוורי ... אעת שבטלה
הטו ... ליים עליהם
תך וזחת

יש חפרשים טעם הסיונים ט
תמורע עלי ... ההמוה ע שלא
ההו מיס מלו ... החוה ... וכן
עובד בר בהתחוה שחין לא
החוה ... וכן מד ... כהתחוה
וחשרך מלו התחוה ... ל ... ן
פי ... עלי ... מך ... כטוה
... על ... שהה ... טוה
... מהכטוה ... הבי
... ד יהוה ... ן ... פ ...
להכ נקו ... הזו ... שאו תש שלו
שלה ... חין כמ שחין
... ל ... היה ... ש ... עבד
חמו ... כ ... טע מס ע
... ... שהיה מסה ע
... ... וח עשק
... ... כ
... ...

שלחו המצרים במצרים אשר מצות ועל הם לקו חמשים מבות ׀ מצרים מהו אומר ויאמרו החרטמים אל פרעה אצבע א לֹהים הוא ועל הם מהו אומ וירא ישראל את היד הגדולה אשר עשה יי במצרים וייראו העם את יי ויאמינו ביי וב ובמשה עבדו מהו לקו באצבע

חשן הכנה
היו כער
ספירות
בל זה זהן
כ ... כיו
... עלרתי
... ן חלבע
רלכן ד
יובזעה ש
... ד ... ל
הכזה ה
ולבכשה ה
זטטו חשן
... טלעים
פי כעני
יובזשאל ל
עשו שטה
בליויים
שהתמיה כן
עשר עלהם
הירכ ... הם
היכותלמ
היחושים
של ... טל ... ל
... עטל ... מד ׀

... חש ... ה
... כ ... וזו
... כל ... ל
עטן ... כ עטרע
כעס ... עור רמ
שחן כד
וחבה חשך
וחת מכות
רך עבל
מחב ... של ... חנה עטן ... וזב
יס כטוס הין וזוטיפ ... לחין ו
... כ ... מחוחמ מאנ ... וק הכאנ כ
רמע לי ... ר הקולל לו
מכבתו ... וקן ההין ׀
... כ ... ולוט וס הזכן
... ושמחתו וק הכו
עש ... רכמ ... ורתן
... כ ... שחו ... הבזו
וכגו רמ ... וחב ... וכו
רכע יהודה ה ... ב
החכטה וכס ... מו ... ד ... ור
רכע ... יהודה ... ד ... קלוים

וזין לה ... חבע חטוחטיע הקדושים כ של ... וטיפן לחין ... פ ... עריים עטר שלה הקבה שישזל יו פעם ... יו מעריים ... מחיה לו ... לו לחויזך ... וטן סוכן וטוחיטע ... וי
חיים החיע חליה וחיה מ ... וע חפר יו וטשים קרן חשטו ... כ תוה הז ... כמשים הוקרים ... כ ... כ כמשים הוקרים כ ... ז ... חיים הי ... לוחוזקים כה ... וזל

במצרים אלו הן

דם צפרדע כנים

ערוב דבר שחין

ברד ארבה חשך

מכת בכורות

ר׳ יהודה היה נותן בהם סימנים

דצ״ך עד״ש באח״ב

ר׳ יוסי הגלילי אומר

מנין אתה אומר

תעשה בו את האתת

ובמופתים זה הדם

כמה שנאמר ונתתי

מופתים בשמים ובארץ

דם ואש ותימרות עשן

דבר אחר ביד חזקה

שתים ובזרוע נטויה

שתים ובמורא גדול

שתים ובאתות שתים ובמופתים

שתים אלו עשר

מכות שהביא

הקבה על המצרים

16

ובמורא גד׳
גלוי שכינה כמה ש׳
בגלוי הגלה עליהם
ובמראות [illegible]
[illegible]

שלופה בידו נטויה על ירושלם
במורא גדול זו גלוי שכי
שכינה כמה שנאמר או
הנסה אלהים לבא לקחת
לו גוי מקרב גוי במסות באתת
ובמופתים ובמלחמה וביד חזק
ובזרוע נטויה ובמוראים גדלים
ככל אשר עשה לכם יי אלהיכם
במצרים לעיניך

ובאותות זה
המטה שנאמר בו
ואת המטה [illegible]
[illegible]
[illegible]
[illegible]

באתת זה המטה כמה
שנאמר ואת המטה הז
הזה תקח בידך אשר

בל בכור אני ולא שרת ובכל
אלהי מצרים אעשה שפטים
אני יי׳ אני ולא השליח אני
הוא ולא אחר ||

יד חזקה זו הדב
במה שנאמר הנה
יד ייי הויה במקנך
אשר בשדה בסוסים בחמרים
בגמלים בבקר ובצאן דבר
כבד מאד | בזרוע
נטויה זו החרב כמ
והרבו ק׳ החרב בם

ויוציאנו ייי אלהינו מבין
מצרים ולא על ידי מ
לאך ולא על ידי שרף
ולא על ידי שליח אלא הקב
ה בכבודו ובעצמו שנאמר ועברתי
בארץ מצרים בלילה הזה
והכתי כל בכור בארץ מצרים
מאדם ועד בהמה ובכל אלהי
מצרים אעשה שפטים אני ייי
‎ | ו | ו | ‎
שבת מאדם ומבה
אני ייי ולא ידי וה

ויושע ה׳ ביום ההוא את ישראל מיד מצרים וגו׳

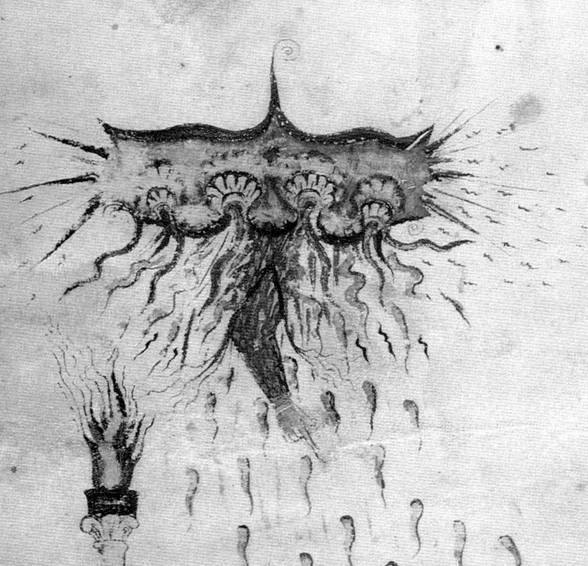

את עמלינו אלו הבנים
כמה שנאמר כל הבן
הילוד היאורה תשליכוהו
וכל הבת תחיון

את לחצינו זו הדחק
כמה שנאמר וגם רא
ראיתי את הלחץ אשר
מצרים לוחצים אתם

ויוציאנו יי ממצרים
ביד חזקה ובזרוע נט
נטויה ובמורא גדול
ובאותות ובמופתים

עמלינו אלו
הבנים שנאמר
כל הבן הילוד
היאורה תשליכוהו

זה הדחק
הדחק

מִצְרַיִם וַיֵּאָנְחוּ בְנֵי יִשְׂרָאֵל מִן
הָעֲבֹדָה וַיִּזְעָקוּ וַתַּעַל שַׁוְעָתָם
אֶל הָאֱלֹהִים מִן הָעֲבֹדָה
יִשְׁמַע יְיָ אֶת קוֹלֵנוּ
כְּמָה שֶׁנֶּאֱמַר וַיִּשְׁמַע
אֱלֹהִים אֶת נַאֲקָתָם וַיִּזְכֹּר
אֱלֹהִים אֶת בְּרִיתוֹ אֶת אַבְרָהָם
אֶת יִצְחָק וְאֶת יַעֲקֹב וַ
יַרְא אֶת עָנְיֵנוּ זוֹ פְּרִישׁ
הַדֶּרֶךְ אֶרֶץ כְּמָה שֶׁנֶּאֱמַ
וַיַּרְא אֱלֹהִים אֶת בְּנֵי יִשְׂ
רָאֵל וַיֵּדַע אֱלֹהִים ׀ וֶ

ויעבדו מצרים את בני ישר׳ בפרך
ונצעק אל יי׳ אלהי אבתינו
וישמע יי׳ את קלנו וירא
את ענינו ואת עמלנו ואת
לחצנו
ונצעק אל יי׳ אל׳
אבותינו כמה שנאמר
ויהי בימים
הרבים
ההם וימת
מל

13

ויענונו ויתנו עלינו עבדה קשה
וירעו אותנו המצרים כמה
שנ' הבה נתחכמה לו פן
ירבה והיה כי תקראנה
מלחמה ונוסף גם הוא על שנאינו
ונלחם בנו ועלה מן הארץ
ויענונו כמה שנ' וישימו
עליו שרי מסים למען
ענותו בסבלותם ויבן ערי
מסכנות לפרעה את פיתום ואת
רעמסס ויתנו עלינו
עבודה קשה כמה שנא'

ויהי שם לגוי גדול מלמד
שהיו ישראל מצויינים
שם גדול ועצום שנא׳
ובני ישראל פרו וישרצו וירבו
ויעצמו במאד מאד ותמלא
הארץ אותם
ורב כמה שנ׳ רבבה כצמח
השדה נתתיך ותרבי
ותגדלי ותבואי בעדי
עדיים שדים נכונו ושערך
צמח ואת ערום ועריה
וירעו אותנו המצריים

אֲנוּס עַל פִּי הַדִּבֵּר רְבִּי שִׁמְעוֹן מִלַּמֵּד

שֶׁלֹא יָרַד לְהִשְׁתַּקַּע אֶלָּא לָגוּר

שֶׁם שֶׁנֶּאֱמַר וַיֹּאמְרוּ אֶל פַּרְעֹה לָגוּר

בָּאָרֶץ בָּאנוּ כִּי אֵין מִרְעֶה לַצֹּאן

אֲשֶׁר לַעֲבָדֶיךָ כִּי כָבֵד הָרָעָב

בְּאֶרֶץ כְּנַעַן וְעַתָּה יֵשְׁבוּ נָא עֲבָדֶיךָ

בְּאֶרֶץ גֹּשֶׁן ׳

מְתֵי מְעָט כְּמוֹ שֶׁנֶּ

בְּשִׁבְעִים נֶפֶשׁ יָרְדוּ

אֲבֹתֶיךָ מִצְרָיְמָה

וְעַתָּה שָׂמְךָ יְיָ אֱלֹהֶיךָ כְּכוֹכְבֵי

הַשָּׁמַיִם לָרֹב ׳

שעמד עלינו לכלותינו אלא
שבכל דור ודור עומדים עלינו
לכלותינו והקב״ה מצילנו מן
מידם ׃ צא ולמד מה
בקש לבן הארמי לע
לעשות ליעקב אבינו
שפרעה לא גזר אלא על הזכ
הזכרים ולבן בקש לעקור את
הכל ׃ שנאמר ארמי אובד אבי
וירד מצרימה ויגר שם במתי
מעט ויהי שם לגוי גדול עצום
ורב ׃ וירד מצרימה

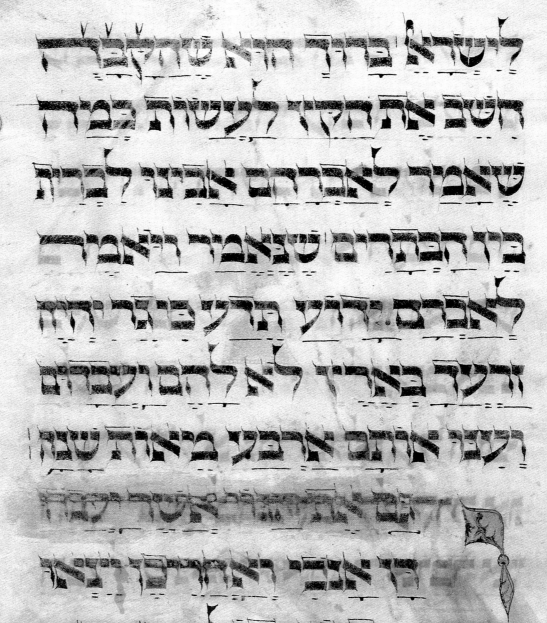

לישרא׳ ברוך הוא שהקב״ה
חשב את הקץ לעשות כמה
שאמר לאברהם אבינו בברית
בין הבתרים שנאמר ויאמר
לאברם ידוע תדע כי גר יהיה
זרעך בארץ לא להם ועבדום
וענו אותם ארבע מאות שנה:

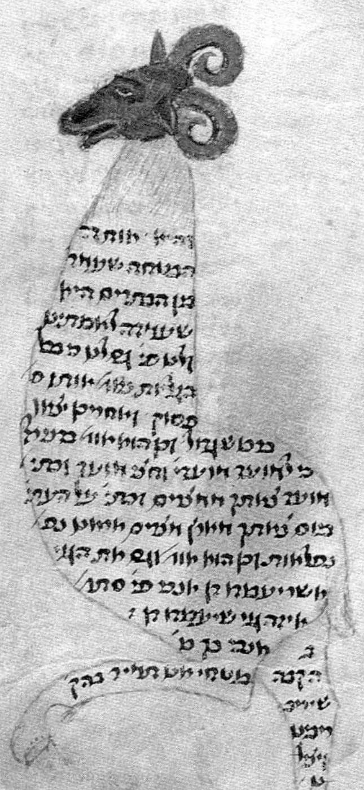

וגם את הגוי אשר יעבדו
דן אנכי ואחרי כן יצאו
ברכוש גדול

והיא שעמדה לאבותינו
ולנו שלא אחד בלבד

אבי אברהם ואבי נחור ויעבדו
אלהים אחרים

ואקח את אביכם את
אברהם מעבר הנהר
ואולך אותו בכל ארץ
כנען וארבה את זרעו ואתן לו
את יצחק ואתן ליצחק את י
עקב ואת עשו ואתן לעשו
את הר שעיר לרשת אותו ויעקב
ובניו ירדו מצרימה

ברוך שומר
הבטחתו

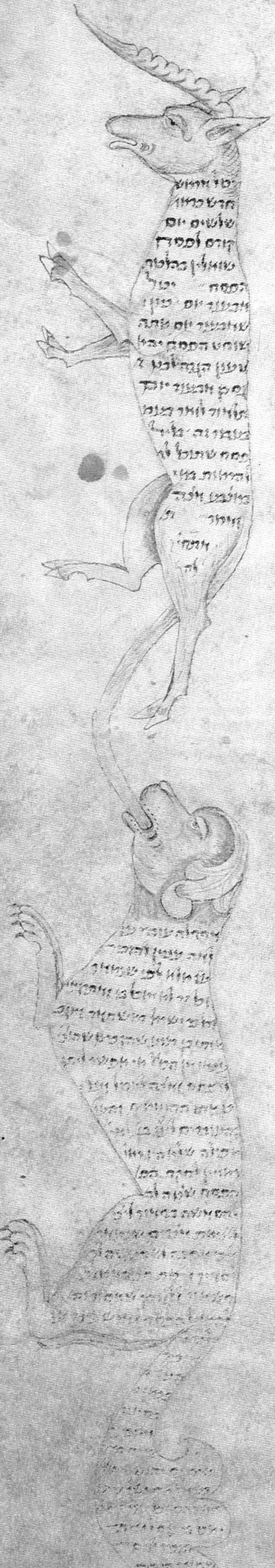

יכול מראש חדש תלמוד
לומר ביום ההוא יכול מבעוד
יום תלמוד לומר בעבור זה
לא אמרתי אלא בשעה שיש
מצה ומרור מונחים לפניך
מתחלה עובדי ע״ז
היו אבותינו וע
ועכשו קרבנו
המקום לעבודתו שנ׳ ויאמר
יהושע אל כל העם כה אמר
יי׳ אלהי ישראל בעבר הנהר
ישבו אבותיכם מעולם תרח

ממצרים ליי׳ ולא לו אלו היה
שם לא היה נגאל ״

תם מה הוא אומ׳
מה זאת ואמרת
אליו בחוזק יד
הוציאנו יי׳ ממצרים מבית
עבדים

ושאינו יודע
לשאל את
פתח לו שנאמר והג
והגדת לבנך ביום ההוא לא
לאמר בעבור זה עשה יי׳ לי
בצאתי ממצרים ״

ושאינו יודע לשאול

העדות והחוקים והמשפטים
אשר צוה יי׳ אלהינו אתכם וא
ואף אתה אמור לו כהלכת ה
הפסח אין מפטירין אחר הפס
אפיקומן

רשע מה הוא
אומר מה
העבודה הזאת לכם לכם ולא
לו ולפי שהוציא את עצמו
מן הכלל כפר בעיקר ואף את
הקהה את שניו ואמור לו בע
בעבור זה עשה יי׳ לי בצאתי

ימי חייך הימים כל ימי חייך
הלילות וחכמים אומרים ימי
חייך העולם הזה כל ימי חייך
להביא לימות המשיח
[ב]רוך המקום ברוך
הוא ברוך שנתן ת
תורה לישראל ברוך
הוא כנגד ארבעה בנים דברה
תורה אחד חכם ואחד רשע
ואחד תם ואחד שאינו יודע
לשאל [ח]כם מה
הוא אומר מה הע

כנגד ארבעה
בנים מורמז ד׳ קושיות
[illegible]
[illegible]
[illegible]
[illegible]
[illegible] כנגד ארבעה בני
[illegible]

[illegible]
החכם [illegible]
[illegible] שנתן תורה [illegible]
[illegible] ברוך שנתן תורה [illegible]
[illegible] כנגד ארבעה
בנים חכם ורשע ותם
ושאינו יו׳ לשאל

ברק והיו מספרים ביציאת
מצרים כל אותו הלילה עד
שבאו תלמידיהם ואמרו להם
רבותינו הגיע זמן קריאת שמע
של שחרית

מר ר' אלעזר בן עזרי
הרי אני כבן שבעים
שנה ולא זכיתי שת
שתאמר יציאת מצרים בלילות
עד שדרשה בן זומא שנאמר
למען תזכור את יום צאתך
מארץ מצרים כל ימי חייך

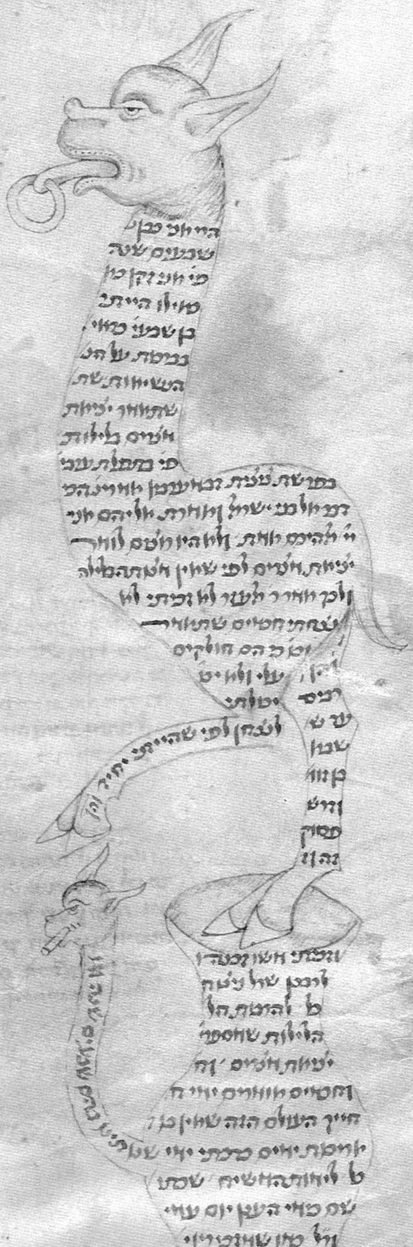

חשבה את אבותינו ממצרים
הרי אנו בנינו ובני בנינו משעת,
משעפרים היינו לפרעה במיצ
במיצרים ואפלו כלנו חכמים
כלנו נבונים כלנו זקנים כלנו
יודעים את התורה מיצוה עלינו
לספר ביציאת מיצרים המספר
ביציאת מיצרים הרי זה משובח

עשה בר' אלעזר
ר' יהושע ור' טרפ
ור' אלעזר בן עזרה
ור' עקיבא שהיו מסבין בבנ

טובו חכמים טובו נעים קט לשו הפשו
הבו לס ווטאים חכיים ונעים טובו
ידעים את התורה שכתוב בה יערוך
אלעים וועם אמוין וטו לסט בלוה
הנה זמן שחיו את החדש האוגב
שלהאסמך וטו פנױ וועם
שאור כל חעשה יעוות ויל
ולעים מנך יש לו להזעיר כרב
כרסיכל ואוט חטטי וחיוס
חותך וטו ולך ובין חעשה
הוגעם שוועם שיורעים
וגעים אות בליל פסח
הרי זה חשובה פי את האשת
שיחיה ולהשיב עבדים היינו
טו לסטב בנועת ולעים יופ
בעו לבן עשרו וינ הוך יחיר
וך חוך זה ולו ווחר חילו ק
לשון ימט

הַחֲבִילוּ מַצָּה שֶׁבְּכָל הַלֵּילוֹת
אָנוּ אוֹכְלִים שְׁאָר יְרָקוֹת הַל
לַיְלָה הַזֶּה מָרוֹר שֶׁבְּכָל הַל
לֵילוֹת אֵין אָנוּ חַיָּיבִים לִטְבּוֹל
אֲפִילוּ פַּעַם אַחַת הַלֵּילָה הַזֶּה
שְׁתֵּי פְעָמִים שֶׁבְּכָל הַלֵּילוֹת
אָנוּ אוֹכְלִים בֵּין יוֹשְׁבִים וּבֵין
מְסֻבִּים הַלֵּילָה הַזֶּה כֻּלָּנוּ

מְסֻבִּים בָּרִים הָ
הָיָה לְפַרְעֹ בְּמִצְרַיִם

רֵיצִיאָנוּ יְיָ אֱלֹהֵינוּ מִשָּׁם בְּיָד חֲזָקָה
וּבִזְרוֹעַ נְטוּיָה וְאִלּוּ לֹא הוֹצִיא

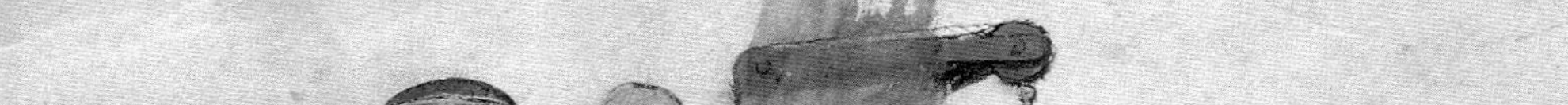

הלילה הזה כלו מרור פי מל ה
הלילות הירקות שאנו אוכלין
חפי אחר אותך פעי וענה
הוא או נוחח ואפי שאר שא
שאנו חולין מהלילות אחרנו
כו שאחו הלילים חייב
ובמחנו וסחך וקחן טובא
אוחחינך ואהבה שמאטו
יומם ושעוהבו אל הלילות
ועם שאחב יום והלוה
לחיי ואל הירחים אלו עוקד
המס היה חלילה וסל לו שחו
שאוריס ושאנו וקחן קטו
ונטויה עוחי ופס שיחור ח
וכתוב נטוחחא
קרה זאה
זה

עבדיס היע עוה וחתן ?
שאולחי אה עשחה טוט

הא לחמא עניא

עברי לשנה הבאה בני חורין

ומחמץ מס טיב י״ו

מה נשתנה הלילה הזה מכל הק
לילות שבכל הלילות אנו
אוכלים חמץ ומצה הלילה

לַחְמָא עַנְיָא רַאֲבָלוּ אַבְהָתָנָא
בְּאַרְעָא דְמִצְרַיִם כָּל דִכְפִין
יֵיתֵי וְיֵיכוֹל כָּל דִצְרִיךְ יֵיתֵי
וְיִפְסַח הַשַׁתָּא הָכָא לְשָׁנָה
הַבָּאָה בְּאַרְעָא דְיִשְׂרָאֵל הַשַׁתָּא

וזה עיקר כי הסט״ב שאין מעבירין את
המצות אין זה העברה של מצוה כי
ואין כה כי יום סידור הזיעות יותר שנבתנעי הנוער—
שכתחילה כסרין הודעות ועשות כבריושוטה בימטר
הזוימין ובשניה יוכלות חינה וחיש הישר במעו יעש
ואחר יסיר השניה וזו הקשה וישים אות של השולחן
ושום סירך והגביה הקערה ועדיה יגע השולחן וק
והתבשילי הם ביצה צליה ובשר ומבושל זו רק ומבושו
והתבשילין חד זכר לפסח וחד זכר לחגי
וחגיגה והם דרשים קלים ואין הגמרי
דרשי לשם דרשים כחוצה ואין
ושום חכי ואומרין זו הדבר
שאין יהיה כזה כתגבה
קרשים ותהי
שעוקרין
הזען
וחזו חסד
השולחן סר שק
שישלו הכמע [illegible] וה
והגיד להם הנסים והנפלאות שנעשה לנו

הא לחמא [illegible]
המסבין ויתחיל הא לחמא [illegible] ויאמ

ישהו בהסיבת שמאל ואחר כך נוטל
ידיו ואינו מברך על נטילת ידים ואחר
יקח הירקות שקורין איפו או קירבל
ויברך ברוך אתה יי׳ אלהינו מלך הע
העולם בורא פרי האדמה ויטבול
בחומץ שכן מנהג העולם לאכול
ירקות בחומץ ואחר יקח אחת
משלש מצות של מצוה האמצעי׳
יש אומרים שנכון לקחת הראשונה
משום שאין מעבירין על המצות כי
כיון שבאה הראשונה לידו תחלה
יעסוק בה ויבצענה לשתים וישים
חציה בין שתי השלימות לברך עליה
על אכילת מצה בא״י אמ״ה אקב״ו עו
אכילת מצה שלכן נקראת לחם
עוני שכן דרכו של עני לאכול בפת
בפריסה שאין לו מצה שלימה
והחציה האחרת יצניע תחת המפה
לאפיקומן ויש אומרי שנכון לבצוע
המצה השניה משום הראשונה
קבועה לברכת המוציא שהיא ברכה ראשונה
ובשניה ברכת אכילת מצה שהי ברכה שני

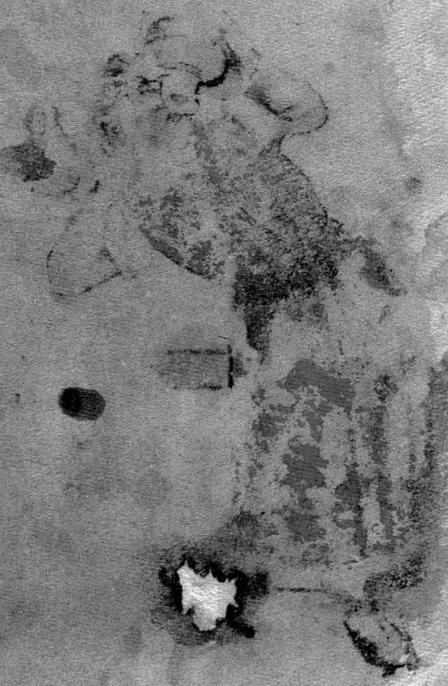

שבת לקדושת יום טוב הבדלת ואת יום השביעי מ
משׁשׁת ימי המעשׂה קדשׁת הבדלת וקדשׁת את
עמך ישראל בקדושתך ברוך אתה יי המבדיל בין
קדש לקדש ״ צן

ברוך אתה
יי אלהינו מלך
העולם שהחינו
וקימנו והגיענו לזמן הזה ״ צן

ברוך

אתה יי אלהינו מלך
העולם בורא פרי הגפן
הגפן ״ אמן ״

ברוך אתה

ייי אלהינו
מלך
העולם אשר בחר בנו מכל עם ורוממנו מכל
לשון וקדשנו במצותיו ותתן לנו ייי אלהינו בו
באהבה מועדים לשמחה חגים וזמנים לששון
את יום חג המצות הזה זמן חרותנו באהבה
מקרא קדש זכר ליציאת מצרים כי בנו בחרת
ואותנו קדשת מכל העמים ומועדי קדשך בש
בשמחה ובששון הנחלתנו ברוך אתה ייי מקדש
ישראל והזמנים

ברוך אתה ייי אלהינו

מלך העולם בורא מאורי האש

ברוך אתה

ייי אלהינו מלך
העולם המבדיל
בין קדש לחול בין אור לחשך בין ישראל לעמים
ובין יום השביעי לששת ימי המעשה

ברוך אתה

יי̇ אלהינו מלך העולם אשר בחר בנו מכל עם
ורוממנו מכל לשון וקדשנו במצותיו ותתן לנו
יי̇ אלהינו באהבה מועדים לשמחה חגים וזמנים
לששון את יום חג המצות הזה זמן חרותינו ב
באהבה מקרא קדש זכר ליציאת מצרים כי בנו
בחרת ואותנו קדשת מכל העמים ומועדי קדשך
בשמחה ובששון הנחלתנו ברוך אתה יי̇ מקדש
ישרא' והזמנים ״ אמן

ברוך אתה

יי̇ אלהינו
מלך
העולם שהחיינו וקימנו והגיענו לזמן
הזה ״ אמ״

ברוך

אתה יי̇ אה
אלהינו מלך
העולם בורא
פרי הגפן ״ אמ״

ברוך אתה

יי׳ אלהינו מלך העולם אשר בחר בנו מכל עם
ורוממנו מכל לשון וקדשנו במצותיו ותתן לנו
יי׳ אלהינו באהבה שבתות למנוחה מועדים לשמחה
חגים וזמנים לששון את יום השבת הזה ואת יום
חג המצות הזה זמן חרותינו מקרא קדש זכר
ליציאת מצרים כי בנו בחרת ואותנו קדשת
מכל העמים שבת ומועדי קדשך לשמחה ולש
ולששון הנחלתנו ברוך אתה יי׳ מקדש השבת
ישראל והזמנים אמ׳

ברוך אתה

יי׳ אלהינו מלך
העולם שהחינו
וקימנו והגיענו לזמן הזה אמן

ברוך

אתה יי׳ אלהינו
מלך העולם
בורא פרי הגפן
אמ׳

בערב תאכלו מצות והכתוב קבעו חובה ובער״
סמוך לחשיכה יסדר שלחנו ומושבו בהסבה
שיהיו׳ ואחר בית הכנסת כשחוזר ישב עליו ובניו
ולפני הסעודה שיש בה שלש מצות של מצוה והירקו
ויתן כוסות מלאים יין ולפני כל בני הבית גדולים וקטנים
ואין צריך נטילת ידים רק שיהיו נקיות ויקח הבעל
הבית הכוס ויעשה קידוש ״ ויום חל בשבת יתחיל
ויכלו השמים וכו׳״

ויכלו השמים והארץ
וכל צבאם ויכל
אלהים ביום השביעי
מלאכתו אשר ע
עשה וישבות ביום השביעי מכל מלאכתו אש
אשר עשה ויברך אלהים את יום השביעי ויק
ויקדש אותו כי בו שבת מכל מלאכתו אשר
ברא אלהים לעשות״

צ״ן

ברוך אתה
יי׳ אלהינו מלך
העולם בורא פרי הגפן״

והלא ביערתיה ליבטל ולהוי כעפרא דארעא

ויגביה עד שתחזיר יחזור החמש ששית ויז יכטו כוזיה

ליז כרסי ויוזור הע

כל חמירא דאיתיה ברשותי דחמיתיה ודלא
חמיתיה דביערתיה ודלא ביערתיה ליבטיל
ולהוי כעפרא דארעא ויעשה כו׳

ויקחו יום טוב כערב שבת יעשה עירוב תבשילין כערב
יום טוב ויקח חתיכת מצה ותתיכת בשר ותבשיל ...
... ותבשילים ויזכה לו ... על ידי ...
ויקחו כרס ויסד

ברוך אתה יי אלהינו מלך
העולם אשר קדשנו במצותיו
וצונו על מצות עירוב

בדין יהא שרי לנא לאפויי ולבשולי
ולהטמוני ולאדלוקי שרגא
ביומא טבא לשבתא לנו ולכל ישראל
הדרים בעיר הזאת

ויעשה מקום השולחן

סדר של פסח לא יאכל ארבע עד הלילה כדתנן

אור

לארבעה
עשר בודקין
את החמץ לאור הנר
ואומר

ברוך אתה יי אלהינו
מלך העולם אשר
קדשנו במצותיו וצונו
על ביעור חמץ

ויבדוק בכל רשויות כל מקום שמכניסין ושים שם חמץ וא
ואחר הבדיקה יאמר זה שיבטלנו ויאמר כך

כל חמירא דאיתיה ברשותי דלא חמיתיה